Beatrice Göhler

PNF und Alltag

FACHBUCHREIHE KRANKENGYMNASTIK
Physikalische Therapie – Prävention – Rehabilitation
Herausgeberin: Anneliese tum Suden-Weickmann

Beatrice Göhler

PNF und ALLTAG

REIN IN DEN RAHMEN –
RAN AN DEN SCHMERZ

mit einem Geleitwort
von Margrit List

Pflaum Verlag München

Die Autorin:
Beatrice Göhler, Frankfurt am Main, Krankengymnastin; Mitarbeit beim Aufbau einer Krankengymnastik-Ausbildung in Togo / Westafrika, Auseinandersetzung mit integrativen Behandlungsmethoden; Aufbaustudium (Pädagogik: 3. Welt, Veröffentlichungen).
Seit 1984 in einer Krankengymnastikpraxis tätig, in der sie den vorliegenden Therapieansatz entwickelte.

Der Zeichner:
Jörn Pünter arbeitet als freischaffender Maler, Grafiker und Illustrator in Frankfurt am Main

Die Deutsche Bibliothek -- CIP-Einheitsaufnahme

Göhler, Beatrice:
PNF und Alltag: Rein in den Rahmen -- Ran an den Schmerz /
Beatrice Göhler. -- München: Pflaum, 1993
(Fachbuchreihe Krankengymnastik)

ISBN 3-7905-0635-4

Fotos: Mediatex, Frankfurt a. M. (Milos Heldes)
Satz und Bindung: Pustet, Regensburg
Druck: Pflaum, München

Inhalt

TEIL III – BEWEGUNGSSEQUENZEN IM SITZ UND STAND

Wichtige Abkürzungen

AP = Ausgangsposition
BAB = Bewegungsablauf
BWS = Brustwirbelsäule
EP = Endposition
GP = Grundposition
HWS = Halswirbelsäule
KG = Krankengymnastik/KrankengymnastIn
LWS = Lendenwirbelsäule
MST = Mittelstellung
OE = Obere Extremitäten = Arme
UE = Untere Extremitäten = Beine
UMK = Umkehrbewegung

Überall gibt's Rahmen –– machen Sie kurz Halt –– rücken Sie sich zurecht!

Geleitwort

KollegInnen aus der Praxis zu überreden, ihre Arbeit zu dokumentieren, ist eine schwierige Aufgabe. Sie zu überzeugen, ein Buch zu schreiben, fast unmöglich.
Um so mehr schätze ich das erste Werk einer aus der Praxis kommenden Kollegin. Freuen Sie sich auf ein von Kreativität und Energie sprühendes Buch, das sich an PatientInnen wie an KrankengymnastInnen wendet. Gleichermaßen ist es für alle verschreibenden MedizinerInnen eine wertvolle Lektüre.
Warum ist dieses Buch so wertvoll?
Frau Beatrice Göhler setzt Eigenerfahrung und fundierte Kenntnisse über Bewegungsverhalten und Schmerzsymptomatik in ein Therapiekonzept um, das individuell und befundbezogen effektiv angewendet werden kann. Dabei kommt der Spaß nicht zu kurz!
Grundlage sind die Prinzipien der Komplexbewegungen (PNF) und das Finden der Körpermitte im vorgegebenen Türrahmen, so daß physiologische Verstärkungsmuster sinnvoll zu Korrektur und Muskelkräftigung ausgenutzt werden können.
Ihre solide Grundausbildung, ihre ausgezeichnete Beobachtungsgabe und nicht zuletzt ihre Berufserfahrung ermöglichen es Beatrice Göhler, gezielt, effektiv und alltagsbezogen ein Behandlungskonzept zu entwikkeln, das von Patienten als Selbsthilfeprogramm weitergeführt werden kann. Im besten Sinn »ganzheitlich« verhilft Beatrice Göhler den Patienten zur Wahrnehmung des eigenen Bewegungsverhaltens, der evtl. einseitigen Körperhaltung und der daraus resultierenden Schmerzsituation. Die Übungsprogramme sind vielfältig, immer individuell geplant und mit dem Patienten gemeinsam aufgebaut. So entsteht eine hohe Akzeptanz für eigenständiges Üben.

Durch ihren beruflichen Weg hat Frau Göhler auch Kenntnisse über Methoden erworben, die außerhalb der Schulmedizin Anwendung finden. Sie geht damit kritisch um und eröffnet auf diese Art und Weise eine lebhafte Diskussion zum weiten Thema der »Schmerzbehandlung«. Das Buch »Rein in den Rahmen – Ran an den Schmerz« ist erfrischend unkonventionell und bereichert die krankengymnastische Literatur. Ich wünsche der Autorin den Erfolg, den sie verdient!

Margrit List

»Kabating« nach Marketing ––
ob der Chef demnächst auch so dasteht –– nicht nur der Lehrling?

An meine Leserinnen und Leser

Die Folgen der einseitigen Alltagsmotorik in unserer technisch dominierten Zivilisation zu erkennen und systematisch in Angriff zu nehmen, ist mein Anliegen mit diesem Buch.

Es wendet sich in erster Linie an KrankengymnastInnen und PatientInnen, aber auch an alle anderen therapeutisch Tätigen, die an dieser Problemstellung interessiert sind.

Persönliche Schmerzerfahrung nach traumatisch bedingten Bandscheibenvorfällen forderte mich aufgrund meines Berufes heraus, die Beschwerden nicht operativ sondern rein konservativ therapeutisch zu bezwingen. Ich suchte nach Halt – und fand ihn instinktiv im Türrahmen. Mit dem Motto: »Rein in den Rahmen – Ran an den Schmerz« experimentierte ich dann automatisch mit den PNF-Prinzipien. Der Erfolg – ich wurde bis heute nicht operiert – motivierte mich, das an mir selbst erarbeitete Behandlungskonzept auch mit meinen Patienten durchzuführen und auf unterschiedliche Krankheitsbilder zu übertragen.

Alle Bewegungssequenzen im Türrahmen stützen sich auf die neurophysiologische Basis der Komplexbewegungen nach Margaret Knott (= PNF), die im Teil II skizziert werden.

Therapieziel ist, Beschwerden und Fehlhaltungen komplex zu behandeln, dadurch die Körperwahrnehmung und ökonomische Bewegungsabläufe zu schulen.

Zielgruppe sind PatientInnen ab zehn Jahren, denn jüngere passen nur selten in einen Rahmen. Nach oben ist dem Alter eigentlich keine Grenze gesetzt, da sich genügend individuelle Variationsmöglichkeiten anbieten.

An dieser Stelle möchte ich Margrit List, Leiterin der Münchener Krankengymnastikschule, besonders danken. Durch ihr unermüdliches

Engagement für hohe Ausbildungsqualität einerseits und ihr Verständnis für die Suche nach Freiräumen andererseits gab sie selbst »unorthodoxen« Schülerinnen wie mir genug solides Rüstzeug mit, um heute damit »spielen« zu können. Nach kritischer fachlicher Begutachtung meines Therapiekonzeptes ermunterte sie mich zur Ausarbeitung und Veröffentlichung.
Herzlicher Dank gilt all den »Offenbachern«, die sich seit 1986 im Türrahmen bewegen und damit zur Erkenntnis möglicher Fehlerquellen innerhalb dieses Therapieplans beigetragen haben, Ursula Lücking für die Beurteilung als Patientin und Autorin, Milos Heldes für die Kameraarbeit, Jörn Pünter für die »geduldige« vielfältige Illustration und natürlich Anneliese tum Suden-Weickmann für die redaktionelle Begleitung.
Allen PatientInnen, die dieses Buch in die Hand nehmen, rate ich, im Theorieteil die »Grund- und Arbeitstechniken« sowie im Praxisteil die »fachspezifischen Hinweise« bzw. die dort zugeordneten »Merk-Kästchen« zu überblättern. Dagegen dürfte sie die Geschichte der »Komplexbewegungen und das Prinzip der Verstärkung« eher anregen.
Ansonsten bitte ich um Verständnis dafür, daß ich mich mit der neuen Schreibweise »Innen« nicht durchgängig anfreunden kann. Grundsätzlich spreche ich immer beide Geschlechter und zwei Zielgruppen an.
Die Fachleute mögen akzeptieren, daß häufig Patienten direkt angesprochen werden und umgekehrt, daß viele fachspezifische Hinweise unentbehrlich sind. Alle durch »Check« und »Merk-Kästchen« hervorgehobenen Fragen, Bemerkungen oder Leitsätze richten sich bis auf wenige deutliche Ausnahmen immer an beide Lesergruppen.
In diesem Sinne:
Rein in den Rahmen – Ran an den Schmerz!

Frankfurt, im Dezember 1992 *Beatrice Göhler*

TEIL I
ALLTAGSMOTORIK

Motiv und Ziel

Menschen mit Fehlhaltungen, seien sie angeboren oder über Erkrankung, Schmerz, Trauma sowie durch Gewohnheit erworben, bilden in der freien Praxis den Hauptanteil der Patienten.
Seit 1986 beschäftige ich mich mit der Entwicklung eines möglichst praxisnahen, komplexen Therapieplans, der einerseits eine Behandlungseinheit sinnvoll strukturiert, die Korrektur der Haltungsfehler und alltagsbezogenen Bewegungsabläufe weitgehend integriert, aber auch zu einem komprimierten Selbsthilfeprogramm motiviert. Ein Ansatz, der die Patienten sowohl in ihrer unterschiedlichen Alltagsmotorik wie in ihrem Schmerz zu erfassen sucht. Ursache, Wirkung und Korrektur sollen transparent werden und somit dem vielbeschworenen Begriff »ganzheitlich« etwas hinzufügen. Nicht esoterisch sondern exoterisch!
In meiner achtjährigen kontinuierlichen Tätigkeit in einer vielseitigen KG-Praxis stellten die chronischen Rückenschmerzen, die akuten Zervikobrachial- und LWS-Syndrome bei skoliotischen Fehlhaltungen die größte Herausforderung. Gleichzeitig hatte ich aber auch die Möglichkeit, verschiedene Behandlungsansätze auszuprobieren und Erfahrungen mit Langzeitpatienten, besonders aus der Neurologie, zu besprechen.
Aufgrund der Breitenversorgung in der Praxis (alle Altersgruppen aus

allen Fachbereichen, auch Hausbesuche) ist die Krankengymnastik zwangsläufig zu einem umfassenden Behandlungsansatz aufgefordert. Er sollte Kinder, Jugendliche und Erwachsene präventiv, kurativ, somatisch wie psychosomatisch erfassen können.
Vorliegende Behandlungsmethode bietet Bewegungssequenzen, die auf klassischen PNF-Prinzipien aufbauen. Sie gewährt sowohl einen festen Bezugsrahmen und damit Stabilität und Orientierung, läßt aber nötigen Raum für Spielarten, die sich je nach Befund mit Elementen aus unterschiedlichen Techniken mischen lassen.
Mit der eingangs erwähnten Selbsterfahrung im Rücken und dem Wissen über die nötige längerfristige Übungkonsequenz habe ich durch diese Arbeitsweise auch mit Patienten gute Behandlungserfolge erzielt. Grenzen erfahre ich unter anderem da, wo schmerzbringende psychosoziale und kulturelle Faktoren innerhalb des individuellen Umfeldes unveränderbar erscheinen, vor allem aber, wo es um die Umsetzung zur Selbsthilfe geht. Und dies nicht nur, weil Patienten im Alleingang leider allzuhäufig die so wesentlichen kombinierten Bewegungsdiagonalen verwechseln! Daher die Motivation zur vorliegenden Publikation.
Von besonderer Wichtigkeit ist es, daß alle Betroffenen ihre somatischen wie psychosomatischen Problemregionen erkennen, um selbständig und konsequent ein Gefühl für ökonomische Bewegungsabläufe und ihre persönlichen »Abweichungen« entwickeln zu können.

Und wie warten Sie?

Rein in den Rahmen – Ran an den Schmerz!

Ein Plädoyer

Halt zwischen Zuständen – im Rahmen zwischen Räumen.
Mobilisieren – korrigieren – koordinieren – zentrieren – stabilisieren – entlasten.
Bewegungs- und Schmerzgrenzen, Seitenungleichheiten erkennen. Nicht in ihnen verharren, sondern konstruktiv ausagieren. Hals- und sonstige »Starrheiten« überwinden. Schmerzbringende Gewohnheitshaltungen ergründen, ab und zu unterbrechen, sie dadurch abbauen.
Besonders in Phasen physischer und psychischer Belastung scheinen Gewohnheitshaltungen oft unabdingbar. Gerade dann braucht es Courage und Energieaufwand, sich einen korrigierenden Faktor zu suchen, die Mitte zu finden – im Türrahmen, im Sitz, im Stand – durch entlastende Positionen und Bewegungsbahnen, die fast überall und jederzeit eingeschliffen werden können, bis sie irgendwann im Unterbewußtsein landen – im Bedarfsfall dann schnell, vor allem wohltuend abrufbar werden!
Wenn oder besser **bevor der Schmerz zuschlägt, halte Dich am Rahmen fest**, orientiere Dich, bevor Du verharrst und erstarrst – erspüre wo es klemmt!

Gegen die ganz gewöhnliche Alltagsmotorik

Denn diese ist es eigentlich, die über Jahre hinweg völlig unbewußt praktiziert zu einseitigen Bewegungsabläufen führt und schließlich zur Gewohnheit wird; automatisiert und scheinbar bequem.
Aus Gewohnheitshaltungen werden Fehlhaltungen, die sich am häufigsten als statische Skoliose (seitliche Verbiegung der Wirbelsäule) oder Kyphose (Rundrücken) darstellen. Davon betroffen sind all diejenigen, die aus unterschiedlichsten Gründen immer wieder in dieselbe Haltung verfallen.

Es ist der überall gegenwärtige *Einbeinstand, Einpositz* und *Einseitblick*, der, locker ausgedrückt, Krümmungen provoziert, produziert und dann fixiert:
am Arbeitsplatz, an der Bushaltestelle, an der Ampel, im Supermarkt, in der Telefonzelle, im Auto oder LKW, vor dem Fernseher wie vor dem Computer, am Schreibtisch wie am OP-Tisch, am Küchentisch und in der Kneipe, am Zahnarztstuhl wie am Krankenbett, in Schule und Hörsälen, am Herd, an der Werkbank oder am Fließband.
Also überall und unabhängig von Alter, Geschlecht oder der gesellschaftlichen Zugehörigkeit!
Natürlich zeigen sich Fehlhaltungen, besonders deren Folgen, in zunehmendem Alter schmerzhafter, weil dauerhaft und langfristig praktiziert. Bei extrem einseitigen Tätigkeiten oder schwerer körperlicher Arbeit setzen Beschwerden früher ein, als bei vielseitigen Arbeitsabläufen.
Die unbewußte Konsequenz der Gewohnheitshaltung aber bestimmt sowohl die Alltagsmotorik als auch die Koordination von Bewegungsabläufen und wird, auch wenn sie längst nicht mehr nötig ist, unwillkürlich und vor allem sehr beständig weiter umgesetzt.
Zum Beispiel werden Personen, die ein Kleinkind vornehmlich auf ihre linke Hüfte setzten, um mit der rechten Hand nebenbei alle möglichen Tätigkeiten zu bewältigen, später nur schwer oder kaum aus dieser verinnerlichten Haltung herausfinden.
Ähnlich reagieren Patienten mit langwierigen Knieverletzungen oder nach »Gipsbeinen«, die deshalb zwangsläufig über einen längeren Zeitraum hinweg das Gewicht auf das andere Bein verlegt haben (Fußballspieler bewahren sich oft lebenslänglich das frei bewegliche »Schußbein«).
Auch nach Oberarmgipsen bleiben trotz Behandlung sehr häufig die Schulterhochstellung und die Ausweichbewegung der Wirbelsäule erhalten.
Ebenfalls auffällig sind vernachlässigte Säuglingsskoliosen bzw. »Schiefhälse«, die sich latent oder unübersehbar durch das ganze Leben ziehen (vergl. Fotos im Familienalbum, auch was den bevorzugten Einbeinstand betrifft).
Bei Jugendlichen ist es oft die Position des Filmidols auf einem Plakat oder die von der Werbung suggerierte betont lässige Haltung, die regelrecht eingeübt wird, sich dadurch einprägt!

Die guten Sitten erforderten von den Frauen früher (der Minirock später) die ordentliche Sitzposition: »Knie zusammen«. Beliebtes Ergebnis ist die »X-Bein-Variante«: Knie zusammen – Fersen nach außen – Fußspitzen nach innen – Hohlkreuz. Sie wird gerne praktiziert, selbst wenn die Damen Hosen tragen.
Die Ermahnung »Kind, halte dich gerade!« ist bei Haltungsschwächen z. B. Rundrücken sicher angezeigt. Wird sie aber zum präventiven pädagogischen Dauersatz, bleibt er im Ohr und führt eventuell zu extrem steifer Haltung oder hölzernen Bewegungsabläufen.
»*Hauptfeind*« ist also die irgendwann, mehr oder weniger bewußt eingenommene z. B. auch durch die Arbeitsplatzstruktur vorgegebene Vorzugshaltung, die sich im Alltagsablauf immer wieder einschleicht bzw. durchsetzt, sogar im Schlaf!
Die möglichen Folgen dieser »Einseitigkeiten« sind allen vertraut: »Steifer Hals, eingefrorene Schulter, eingeschlafene Hände oder kribbelnde Füße, lahme Beine, knorrige Knie, Hexenschuß«, um nur einige zu nennen.
Finden keinerlei aktive Korrekturen statt, droht im Zusammenhang mit ungeschickter Drehung und dem gleichzeitigen Heben verhältnismäßig schwerer Lasten der gefürchtete Bandscheibenvorfall.

Ist das die Lieblingshaltung?

Ich habe es mir daher zur Gewohnheit gemacht, alle Patienten über ihre Alltagshaltungen auszufragen – manchmal ziemlich penetrant.
Sitzt Du in der Schule in der gleichen Position wie am Frühstückstisch oder bei den Hausaufgaben? Sitzen Sie auf dem Wohnzimmersessel genauso wie am Schreibtisch, im Auto oder LKW, welche Pobacke ist dabei stärker belastet?
Hälst Du den Kopf vor dem Heft genauso schief wie vor dem Buch oder vor dem Computer gleich wie vor dem Fernseher? Wenn ja, nach welcher Seite ist er stärker geneigt? Stehen Sie an der Ampel, im Supermarkt genauso wie vor der Maschine, dem Zeichentisch oder dem Herd? Wenn ja, dann auf welchem Bein hauptsächlich?
Die Reihe dieser Fragen und Kombinationen läßt sich beliebig fortsetzen.

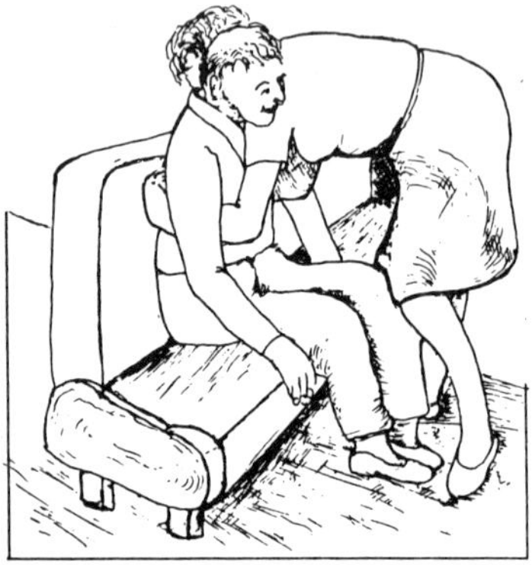
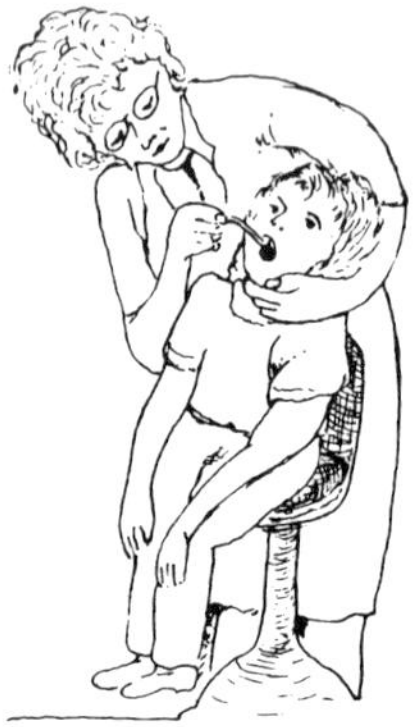
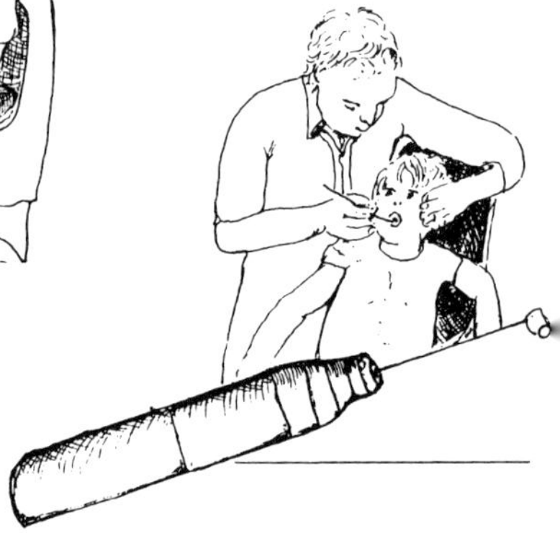

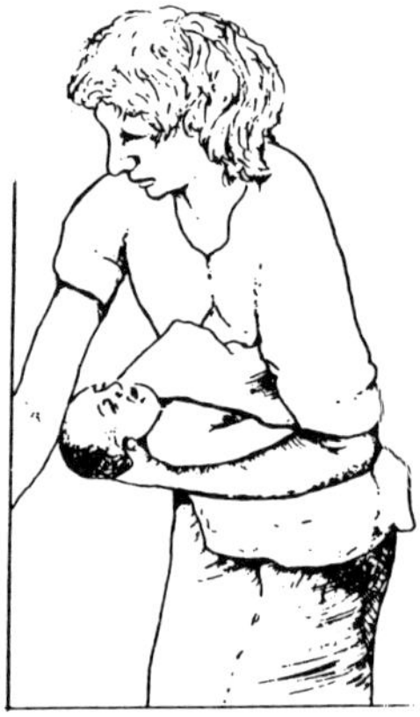

*Auch der Gesundheits-
oder Sozialberuf
schützt vor Schmerzen nicht!*

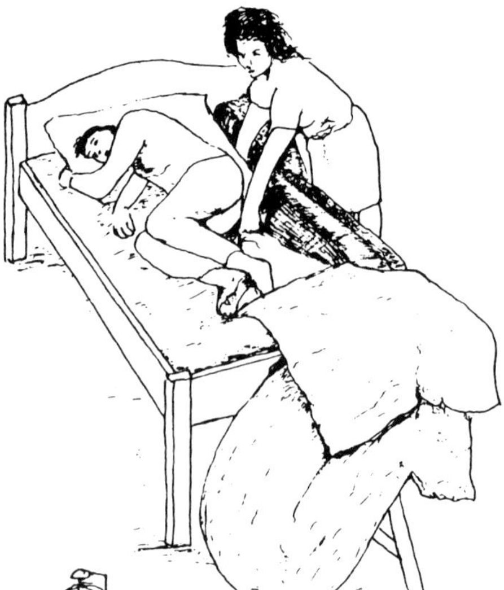

Es lohnt sich immer, denn das Interesse an der Selbstentdeckung ist meist groß. Die erlernte Korrektur oder Entlastungshaltung wird dann auch bewußter aufgenommen, vor allem bei der »Selbstertappung« bereitwilliger umgesetzt.
Die stehend Berufstätigen werden sich in den vorab beschriebenen Umgebungen, leider eben auch außerhalb, überwiegend auf demselben Bein wieder finden, sitzend Tätige auf derselben Pobacke, den Blick vorzugweise auf eine Seite gerichtet!
Prinzipiell geht es nicht darum, eine Lieblingshaltung völlig abzulegen. Sie sollten aber den ausgleichenden Bewegungsradius zur anderen Seite bzw. die Mitte entdecken und in Ihre Bewegungsabläufe integrieren.
Erkennen Sie sich in den folgenden Zeichnungen so oder ähnlich wieder?

Ist das die Lieblingshaltung? Es folgen Sequenzen zum «Einseit-Blick«, »Einpo-Sitz« und »Einbein-Stand« (Seiten 19–21)

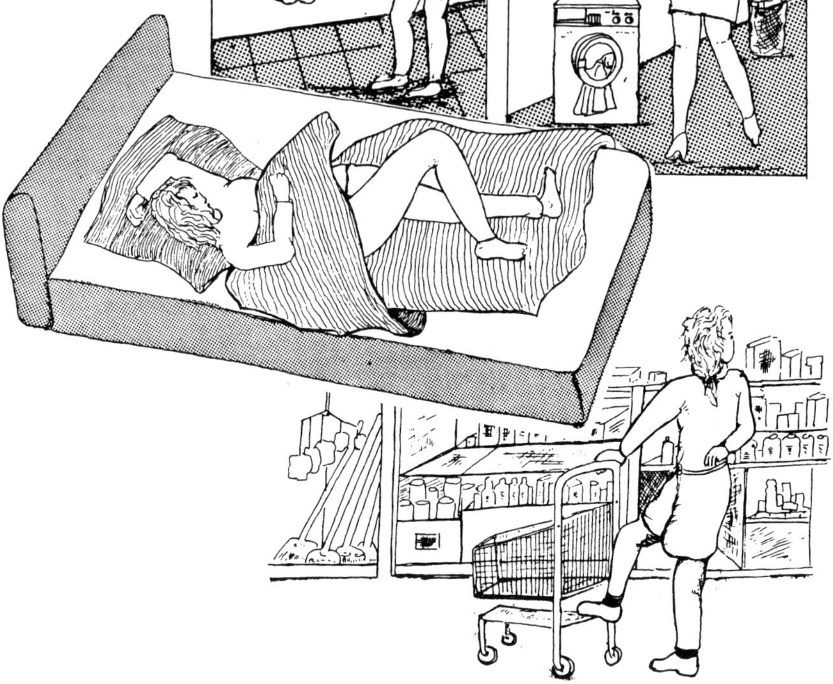

Ist das die Lieblingshaltung?

Ist das die Lieblingshaltung?

Erinnern Sie sich?

Selektives Bewegen – Gezieltes Korrigieren – innerhalb komplexer Verstärkung

Die oben beschriebene Alltagsmotorik ist eine der möglichen Ursachen der skoliotischen Haltung bis zu deren Fixation.
Nahezu jeder akute, vor allem der chronische Nacken-, Schulter- oder Kreuzschmerz ist mit einer ausgeprägten »Gewohnheitskoliose« mit einfachen oder S-förmigen Krümmungen verbunden.
Die degenerative Abnutzung der Wirbelsäule erfolgt dadurch verstärkt an denselben falschen Belastungspunkten, im Bereich der Krümmungsscheitel. Häufige Spätfolgen dieser »Dauerhaltungen« sind Bandschei-

benschäden oder -vorfälle. Je nach Höhe und Art der Schädigung tritt massive Schmerzausstrahlung bis in Arme oder Beine auf, evtl. gepaart mit neurologischen Ausfällen.
Einer der Schwerpunkte meines Behandlungsansatzes zielt deshalb auf die therapeutisch häufig schwer zugänglichen Krümmungsbereiche und die daher oft chronisch schmerzhaften angrenzenden Regionen sowie deren »Überlappungszonen« in den angrenzenden Extremitäten:

7. Halswirbel – Schultergürtel,
Brustwirbelsäule – Schulterblätter,
Lendenwirbelsäule – Beckenkamm,
Iliosakralgelenke – Hüftgelenke.

Das Therapiekonzept stützt sich auf das Prinzip der »Komplexbewegungen«, das im anschließenden Kapitel skizziert wird. Mit Hilfe der kombinierten diagonalen Bewegungsmuster, vor allem durch die gegenseitige Verstärkung von Armen, Beinen, Kopf und Rumpf, wirkt diese

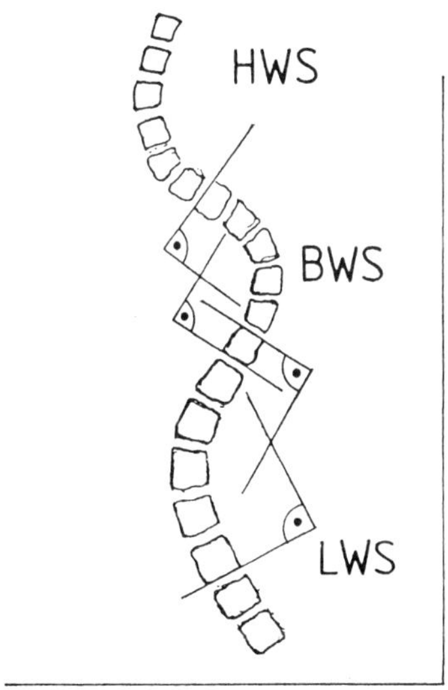

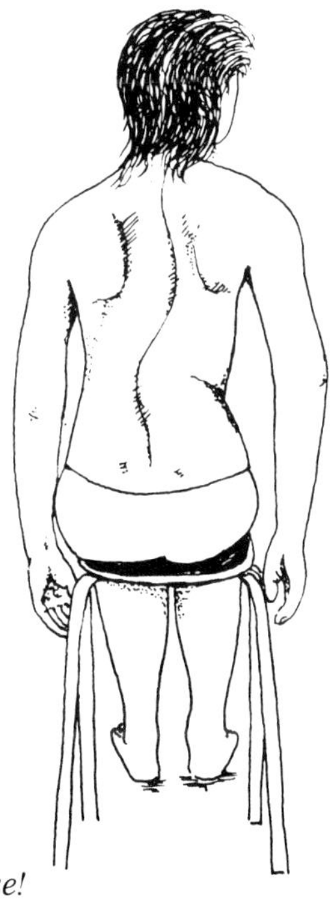

Was ist eine Skoliose? –– Das ist eine Skoliose!

Methode gezielt in genau diesen oben ausgeführten Problembereichen.
Blick, Hände und Füße sind Schlüsselpunkte und Dirigenten der Bewegungsabläufe.
Der Türrahmen als Orientierungsmittel erleichtert die Blickkontrolle für die diagonale Bewegungsbahnung und das Wiederfinden der Körpermitte. Als Fixpunkt und stabiles Widerlager bietet er Halt und Widerstand für Hände und Füße (ABB. 1, 5, 6, s. Seiten 28, 49, 50).

Dirigieren Sie Ihre Bewegungsabläufe harmonisch -- ökonomisch!

TEIL II
THEORIE UND ANATOMIE

Komplexbewegungen nach Margaret Knott

Oder die Methode der Propriozeptiven Neuromuskulären Fazilitation = PNF

Zwischen 1946 und 1951 wurde die PNF-Methode von den amerikanischen Krankengymnastinnen Margaret Knott und Dorothy Voss in Zusammenarbeit mit Dr. Hermann Kabat am Kaiser-Foundation-Rehabilitation-Center in Vallejo (USA) entwickelt. Basierend auf neurophysiologischen Grundlagen und Gesetzen sowie auf Studien über motorische Entwicklung und Reflexgeschehen wurden komplexe Bewegungsabläufe analysiert, erprobt und definiert. Die ursprüngliche Zielgruppe waren Patienten mit Störungen des neuromuskulären Systems, damals hauptsächlich Poliomyelitis, später dann Hemi- und Paraplegien, Ataxien und Multiple Sklerose [7].
Da dieser Therapieansatz unter Krankengymnastinnen und Ärzten reges Interesse und Verbreitung erfuhr, konnten die zunächst empirisch gewonnenen Erkenntnisse über die Wirkung in den siebziger Jahren wissenschaftlich vertieft und erhärtet werden. Bis heute zählt PNF zu den effizientesten, weil ganzheitlichen, Behandlungsmethoden. Längst spielen die unterschiedlichen Techniken der Komplexbewegungen eine wesentliche Rolle in der Chirurgie und Neurologie sowie der Orthopädie und auch in der Psychosomatik.

Wahrnehmung = Bewegung / Aktion = Reaktion
Reiz = Förderung / Integration = Verstärkung

Leben ist eine Serie von Reaktionen auf eine Serie von Reizen. Die unzähligen Bewegungskombinationen, die dem Menschen zur Verfügung stehen, entwickeln sich normalerweise durch die Anforderungen des Lebens in verschiedenen Lernsituationen. Die Absicht, sich bewegen zu wollen, setzt eine koordinierte Muskelaktionsfolge in Gang. Das Gehirn registriert zusammenhängende Bewegungsabläufe, aber keine isolierten Muskeltätigkeiten. Die Hirnrinde kennt den Muskel nicht als geschlossene Einheit; die einzelnen Abbildungsregionen entsprechen der Funktion oder der Bedeutung einer Bewegung, nie einem einzelnen Muskel [15].
Ein einzelner Muskel kann nur in unterstützender Wirkung mit anderen Muskeln aktiv werden (Muskelketten = synergistische Agonisten = Verstärkung).
Der intakte neuromuskuläre Mechanismus entwickelt sich also ohne das Bewußtwerden für einzelne willkürliche, reflektorische Muskelaktionen und andere neurophysiologische Reaktionen. Bei Erkrankungen des neuromuskulären Systems, motorischen Entwicklungsstörungen, knöchernen Fehlentwicklungen, nach physischen und psychischen Traumen oder in Schmerzzuständen zeigen Patienten inadäquate, unökonomische oder abgeschwächte Reaktionen auf unterschiedliche Anforderungen (Spaşmen, gestörte Koordination, Bewegungseinschränkungen, Ausweichbewegungen, Fehlhaltungen, Muskelhartspann).
Die PNF-Methode, besonders das daraus resultierende Prinzip der Verstärkung, kann innerhalb bestimmter Muskelketten und Kombinationen geschädigte Mechanismen fordern und verbessern.
Der für die Komplexbewegungen typische spiralförmige und diagonale Charakter entspricht den Bedingungen des Skelettsystems und der An- und Zuordnung der Muskeln bzw. Muskelsynergien. Diese werden durch PNF von peripher nach zentral stimuliert und so in ihrer optimalen Funktion gefordert. Dieses Zusammenwirken beeinflußt wiederum das Zentralnervensystem (ZNS) und dessen Koordinationsleistung positiv.

Das ZNS wird nicht mehr als ein von Geburt an stabiles unveränderliches neuronales Netz verstanden. Vielmehr weiß man heute, daß das ZNS seinen Aufbau ständig verändert, und zwar sowohl bei der Konfrontation mit neuen Ereignissen, wie es z.B. beim Erlernen neuer Bewegungsabläufe der Fall ist, als auch in neuen Interaktionssituationen.
Gleiches gilt auch im Fall einer Läsion. SPROUTING-Studien (1957–67) haben geholfen, auch makroskopisch sichtbar die Wege zu zeigen, die das ZNS benutzen kann, um seine Beziehung zur Umwelt zu verändern, d.h. es gibt nach einer Läsion durchaus Prozesse zur Wiederherstellung eines brauchbaren neuronalen Netzes [15].

Jedes PNF-Bewegungsmuster besteht aus drei Komponenten in den proximalen Gelenken (ABB. 1):

1. Beugung – Streckung (Flexion – Extension)
   -- um die Frontotransversalachse.
2. Zum Körper hin und weg von ihm (Adduktion – Abduktion)
   -- um die Sagittotransversalachse.
3. Drehung nach innen und nach außen (Innen- und Außenrotation)
   -- um die Longitudinalachse.

Der Bewegungsablauf wird von distal nach proximal (Finger, Hand, Ellbogen, Schulter -- Zehen, Fuß, Knie, Hüfte) mit der spiralförmigen Drehung eingeleitet. In Kombination mit den oben genannten Bewegungskomponenten entsteht dann die diagonale Richtung. Sie sorgt innerhalb eines vollen Bewegungsweges für die optimale Kontraktion der wichtigsten Muskelketten, von distal nach proximal. Dabei ziehen die synergistischen Muskeln aus der optimalen Dehnung in die bestmögliche Annäherung. Die Verquickung mehrerer Aktionskomponenten mit dem richtigen Tempo und der nötigen Wiederholung ermöglicht eine koordinierte, fließende Bewegungsbahnung innerhalb einer sinnvollen Muskelkette **(ABB. 1)**.

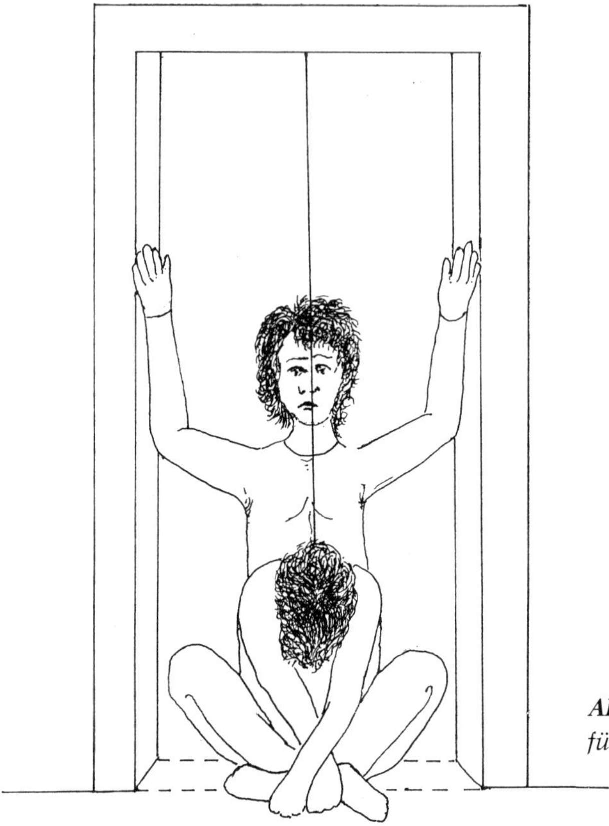

ABB. 1: *Komponenten für obere Extremität.*

Die jeweilige Ausgangsposition ist die größtmögliche Dehnung der Hauptmuskelgruppen (antagonistisches Muster = exzentrisch), die Endposition ist deren vollständige Verkürzung (agonistisches Muster = konzentrisch).

Das Prinzip der Verstärkung

Koordiniertes, kollektives Denken und Handeln bedeutet gesellschaftliche Stärke, Entwicklung, auch Bewegungsfluß und Überwindung von Schwachstellen. Darin erfährt sich die »Ganzheit« Mensch mit ihren Zielen, Kenntnissen und Beziehungen zur Umwelt.

Die Anregung zu einer Bewegung entspringt aus der Notwendigkeit, mit irgend etwas in Beziehung zu treten, auf bestimmte Art und Weise, mit ganz bestimmten Zielsetzungen. Das Auge nimmt wahr, ein Bedürfnis ist da und führt zur Bewegung.

Der Körper ist ein geschlossenes synergistisches System, in dem funktionelle, vaskuläre, vegetative und nervliche Faktoren sich gegenseitig beeinflussen und ordnen. In ihrer Unterschiedlichkeit wirken sie in integrierender Weise zusammen, um reibungslos ökonomische Bewegungen ablaufen zu lassen. Je nach situationsbedingter Forderung, z. B. bei starker körperlicher Anforderung, kommt es durch automatische Verstärkungsmechanismen zum Überfließen der Innervation und zu Muskelspannungen im ganzen Körper. In Gefahrensituationen rufen Reflexmechanismen unwillkürliche Verstärkung hervor. Je ausgereifter der Entwicklungsprozeß und die funktionelle Geschicklichkeit, desto integrierter die Verstärkung [7].

Die Technik der Komplexbewegungen benutzt die Kombination verwandter Bewegungsmuster, um die Automatisierung der Verstärkungsmechanismen zu unterstützen. Sie setzt starke Muskelkräfte ein, um schwächere zur Aktion zu reizen, dadurch zu kräftigen.

Unter Berücksichtigung einer günstigen Ausgangsposition sowie beim Bewegen gegen Widerstand findet innerhalb der synergistischen Agonistenketten ein Überfließen der Innervation vom kräftigen zum geschwächten Muskel oder zur Muskelgruppe statt (selektive Ausstrahlung, Reiz- und Innervationsfluß = overflow). Die wichtigsten Muskelkomponenten eines bestimmten Bewegungsmusters verstärken sich untereinander, damit die Bewegung leichter ausgeführt werden kann.

Optimaler Widerstand für die Muskelkette einer Extremität bewirkt eine Verstärkung für die Muskelsynergien der übrigen Extremitäten. Ein natürlicher funktioneller Vorgang wird somit gefördert und längerfristig z. B. von neurologischer Hemmung befreit.

Im Türrahmen verstärkt z. B. der Stützarm die Kopf- und Rumpfdrehung

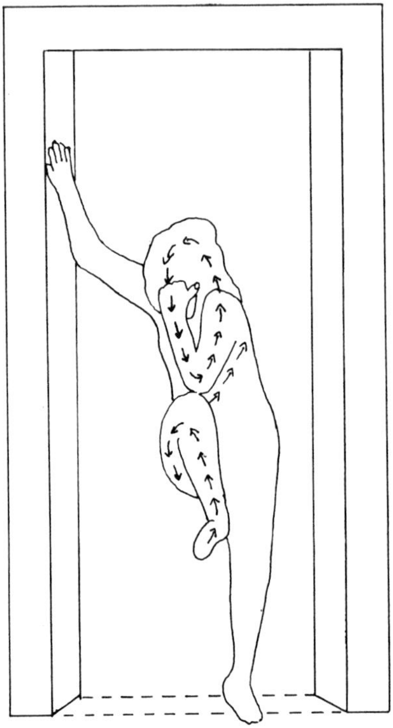

2a

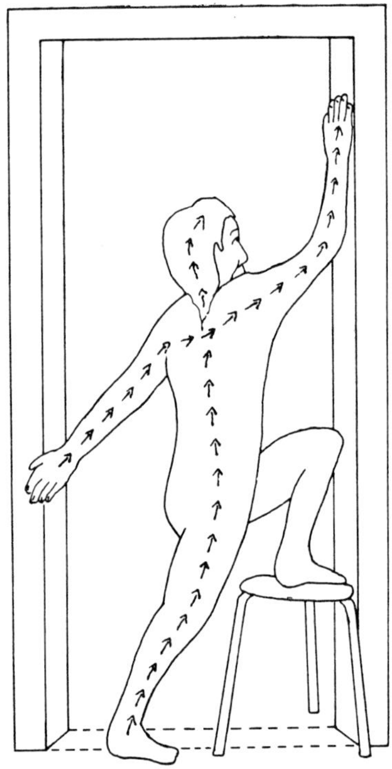

2b

ABB. 2a–b: Beispiel für Muskelsynergien und Verstärkung.

und erleichtert dadurch die Bewegungsbahnung für den Spielarm und das Spielbein **(ABB. 2a, b)**.
Dieses Phänomen ist auch als »kontralateraler Transfer« oder »Crossing Effekt« beschrieben [4]. Er wird ausgeschöpft, um defizitäre Körperabschnitte durch Belastungsreize über die gegenüberliegende kräftige Seite zu beeinflussen.
Je kleiner die Störung, desto wirkungsvoller die Verstärkung -- je größer die Störung, desto notwendiger die Verstärkung -- je geschickter die Kombination, desto größer der Erfolg [7].

Kombinierte Bewegungsmuster

Einfache Bewegungsmuster steigern die Reaktionsfähigkeit des neuromuskulären Mechanismus, spezifische Verstärkungen beeinflussen die Feinheit der Reaktion und Funktion. Das zur Verstärkung bestimmte Muster muß immer kräftiger sein als das zu verstärkende.

Die Muster von Kopf und Rumpf verstärken sich gegenseitig. Gemeinsam verstärken sie die einseitigen (asymmetrischen) oder beidseitigen (symmetrischen) Arm- und Beinmuster. Bei den einseitigen Extremitätenmustern folgen die Augen der Hand oder dem Fuß (Kopf- und Rumpfmuster). Die Extremitäten (Arme und Beine) verstärken sich untereinander durch symmetrische, asymmetrische oder reziproke (gegenseitige) Kombinationen.

Durch gezielte, wechselnde Anwendung unterschiedlichster Drehpunkte und Bewegungskombinationen wird der Ermüdungsfaktor umgangen und trotzdem intensiv an den Schwachstellen gearbeitet. Ziel ist dabei, Bewegungsabläufe, Koordination, Kraft und Ausdauer zu schulen, dem Schmerz entgegenzuwirken.

Koordination ist das Zusammenwirken des Zentralnervensystems und der Skelettmuskulatur innerhalb eines gezielten Bewegungsablaufs. Automatisierte und koordinierte Bewegungsmuster führen zu einer funktionellen Adaptation. Ergebnis ist die Verringerung der zentralnervösen Ermüdung und der Energieverluste durch Mitbeteiligung unerwünschter Muskelkontraktionen (negative Irradiation) [4].

Plagen -- Bücken -- Autsch!

Grund- und Arbeitstechniken

Rhythmische Initiierung – Pumping Up

Sämtliche Bewegungssequenzen sollten mit dieser rhythmischen Bewegungseinleitung gebahnt werden. Es ist die Methode der Wahl für das Einschleifen des gewünschten Musters (Pattern), die effektivste Form der Bewußtmachung des Ziels, der Richtung und der dafür notwendigen Koordination.

Bei exakter Bahnung wird vermindertes Bewegungsausmaß vorerst toleriert, dadurch werden Hemm- bzw. Schwachpunkte für KG und Patient sichtbar und fühlbar.

Der Türrahmen als Orientierungshilfe und Widerlager für die Verstärkungstechnik macht diese Methode etwas müheloser, da sich das Bewegungziel leichter definieren und berühren läßt.

Primäres Einschleifen, aktiv oder aktiv-passiv, ist besonders indiziert bei: Schmerz-Schonhaltung, Koordinationsstörungen, Spastizität und Rigidität.

Bei der aktiv-passiven Version, z. B. für das Armmuster asymm. (EXT / ABD / AR / links -- FLEX / ADD / IR rechts, Achtung: vertauschte Rotation, siehe Tabelle 1 Seite 40) nimmt die KG von hinten beide Handgelenke des Patienten, führt die rechte Hand an die linke Zarge und dreht gleichzeitig den linken Arm nach hinten-außen (unterstütztes Bewegen). Der Wechsel sollte fließend vonstatten gehen. Dadurch wird das obere asymmetrische Extremitätenmuster samt Kopf- und Rumpfrotation gebahnt. Dem Patienten wird lediglich die Anregung gegeben, den Blick auf den linken Daumen zu richten (vergl. ABB. 24, Seite 71).

Antagonistische Bewegungsumkehr

Sie wird täglich beim Sitzen und Aufstehen, Gehen, Treppensteigen, Greifen und Loslassen praktiziert. Die Bewegungsumkehr des Grundmusters gilt als Hauptübung. Antagonistische Bewegungsumkehr bedeutet: flüssige Umsetzung des agonistischen und antagonistischen Musters auf einer bestimmten PNF-Diagonalen, ohne und mit Pausenintervall (langsame Umkehr, langsame Umkehr – Halt). Die jeweils aktive agonistische Muskelkette arbeitet dynamisch-konzentrisch, die antagonistische Muskelkette wird gedehnt.

Wiederholte Kontraktionen

Statische konzentrische und exzentrische Kontraktionen der agonistischen Muskulatur werden flüssig gegen die Schwere hintereinandergeschaltet: »Gehen Sie bis zu einem bestimmten Punkt der Bewegungsbahn, z. B. bis kurz vor die Schmerz- oder Ermüdungsgrenze. Dort halten Sie die Bewegung kurz an (7–10 Sek.), gehen den Bewegungsweg nur wenig zurück, und ziehen dann in die gewünschte Richtung weiter«. Die exzentrisch-statische Muskelarbeit erhöht die motorische Erregung der Agonisten und fördert anschließend die konzentrische Muskelarbeit.

Drehpunkte mit Betonung

Diese Technik ist für die Spielarten innerhalb der Verstärkungsmuster die optimale Bewegungsform. Die Auswahl der betonten Drehpunkte wird durch Kraft und Schwäche des Patienten bestimmt. Es wird immer da betont, wo es fehlt.
Ist eine Schwäche der Hals- und Rumpfmuskulatur vorhanden, gelten Kopf und Rumpf als Schlüsselpunkte. Die proximalen Drehpunkte der Extremitäten (Schulter- und Hüftgelenk) werden in zweiter Linie betont, die distalen Drehpunkte (Hände und Füße) zuletzt. Ist eine allge-

meine Schwäche vorhanden, wirkt auf die distalen Drehpunkte während der proximalen Betonung ein gewisses Maß an Reizen, da alle Komponenten des Musters berücksichtigt werden (vergl. ABB. 19, Seite 64 »diagonale Denkerin«).

Rhythmische Stabilisation

Die statische Kontraktion der agonistischen und antagonistischen Muskelkette mit wechselnder Betonung kann an jedem Punkt der Bewegungsdiagonalen angesetzt werden. Im rhythmischen Wechsel wird der Widerstand für die beiden aktiven Muskelketten gesteigert und verringert. Die intermuskuläre Koordination wird verbessert, ein Gelenk oder Körperabschnitt wird dadurch stabilisiert. Die physiologisch automatische Verstärkung der Rumpfmuskulatur ist für den Patienten deutlich spürbar.

Zug und Druck

Durch Zug und Druck werden die Gelenkflächen voneinander »getrennt und wieder aufeinander gepreßt«. Zug (Traktion) fördert die Bewegung. Druck (Approximation) stabilisiert die Stellung.
Traktion (Muskelspindelreizung) stimuliert die Bewegungsfähigkeit durch Entfernen der Gelenkpartner im physiologischen Ausmaß. Approximation ist die therapeutische Kompression der Gelenkpartner (Periost, Knorpel), um die Gelenkstabilität während statischer und dynamischer Arbeit zu gewährleisten. Sie kann in vielen Positionen gegeben werden, auch in sogenannter Mittelstellung. Nach Wirbelfrakturen oder Bandscheibenoperationen wird, durch Kombination mit dem Extremitätenmuster, über die weiterfließende Innervation die Rumpfmuskulatur in Streckung zur Kontraktion gebracht. Die Aufrichtung und der Spannungsdruck auf die kleinen Wirbelgelenke führen zur Stabilität der einzelnen Wirbelabschnitte.

Entspannung

Halten – Entspannen: angepaßter Widerstand am Bewegungsende. Dabei handelt es sich um eine rein isometrische Spannung für alle Komponenten, die nicht gebrochen werden darf – danach entspannen.

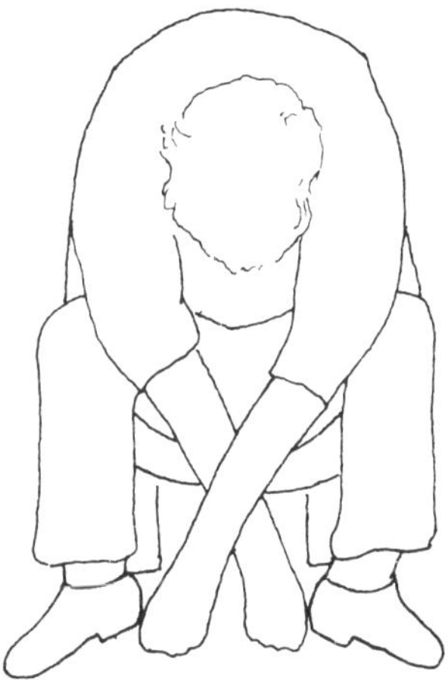

Entspannungssymbol.

Jede Technik, die über die Reizung der Agonisten eine Erweiterung des Bewegungsweges ermöglicht, hat eine Entspannung der antagonistischen Muskulatur bewirkt.
Alle, die bis hierhin mitgehalten haben, sollten sich jetzt eine Entspannung gönnen!

Zusammenfassung

Einseitige Alltagsmotorik provoziert skoliotische Folgeerscheinungen sowie isolierte Bewegungseinschränkungen. Diese werden im komplexen Zusammenhang betrachtet, behandelt und verstärkend entlastet.
Je nach Befund oder subjektivem Bedürfnis der Patienten werden die

Bewegungsmuster eher mobilisierend oder stabilisierend, dehnend oder kräftigend betont, aber immer korrigierend eingesetzt.
Das Wesentliche des Therapieansatzes liegt in den PNF-Verstärkungspositionen, innerhalb derer dann alle andern Techniken ihre Anwendung finden können (selektives Bewegen, gezieltes Korrigieren sowie isolierte Schmerzpunkttherapie bzw. unterschiedliche zusätzliche Maßnahmen, siehe Anhang). Der Therapieansatz nutzt alle funktionellen Faktoren des Bewegungsapparates aus, wirkt auf die Wirbelsäule als Ganzes, auf die Mechanik der angrenzenden Gelenke sowie reflektorisch und vasomotorisch auf das Vegetativum.
Das wesentliche Mittel, der Türrahmen, bietet dem Blick Anhaltspunkt für Ziel und Richtung der komplexen Bewegungsabläufe. Für den Aufbau der Verstärkung gibt er Halt und Widerstand für die Hände und Füße. Er wird zum reflektorischen Abstemmpunkt. Durch den diagonalen Druck und Zug entstehen Muskeldehnungsreflexe mit isometrischer Spannung in die Rotation, alle Muskelzüge ergänzen sich, die kollagenen Komponenten werden gedehnt, das kontraktile Gewebe verkürzt.
Das Einschleifen diagonaler Bewegungsbahnen und die Schulung ökonomischer Bewegungsabläufe wird somit erleichtert, was die zentrale Koordinationsleistung wiederum fördert. Körperwahrnehmung ist erlernbar, ein Selbsthilfeprogramm trainierbar.

Anatomie

Die Wirbelsäule wird beim Aufrichtevorgang des Menschen zur Stütze des Rumpfes und trägt den Kopf. Mit dem Rumpfskelett verbindet sich das Skelett der Gliedmaßen durch Schultergürtel und Beckengürtel.
Die passiven Komponenten für die aufrechte Haltung (Knochen, Kapseln, Bänder, Bandscheiben) und die formenden Komponenten (Gehirn und Nervensystem) werden in dieser Publikation bewußt vernachlässigt.
Die aktiven Komponenten (Muskeln bzw. Muskelketten) werden nur soweit skizziert, wie sie dem Verständnis der Komplexbewegungen und einiger spezieller »Spielarten« dienen (synergistische Verlaufsform und muskuläre Überlagerungen, **ABB. 3**).

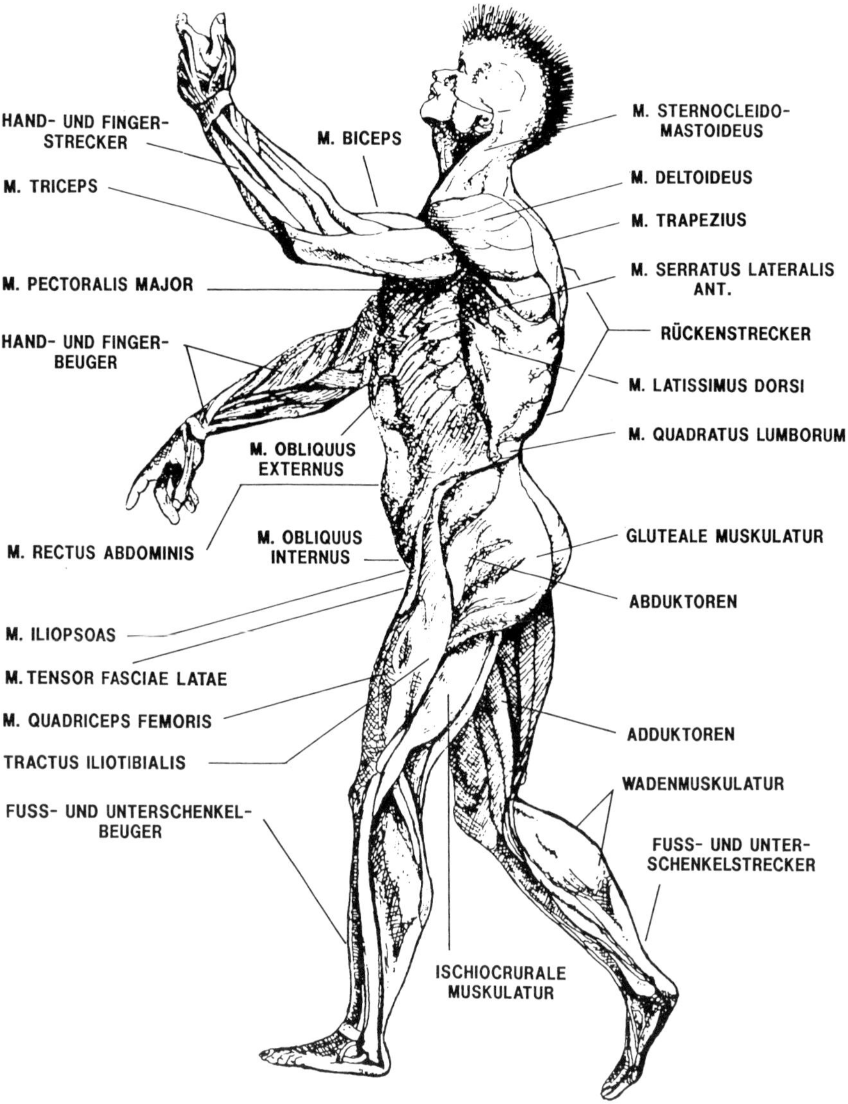

ABB. 3: *Muskelmann.*
In Anlehnung an: Sobotta-Becher: Atlas der Anatomie des Menschen, Urban und Schwarzenberg, 16. Aufl., München 1967 (vergl. Innencover).

1 REGIO PARIETALIS
2 " FRONTALIS
3 " STERNOCLEIDOMASTOIDEA
4 " COLLI LATERALIS
5 " DELTOIDEOPECTORALIS
6 " DELTOIDEA
7 " BRACHII ANT.
8 " CUBITI ANT.
9 " ANTEBRACHII ANT.
10 " PALMA MANUS
11 " AXILLARIS
12 " INFRACLAVICULARIS
13 " STERNALIS
14 " MAMMALIS
15 " PECTORIS LATERALIS
16 " HYPOCHONDRIACA
17 " EPIGASTRICA
18 " UMBILICALIS
19 " LATERALIS
20 " PUBICA
21 " INGUINALIS
22 " TRIGONUM FEMORALE
23 " GLUTEA
24 " FEMORIS ANT.
25 " GENU ANT.
26 " CRURIS ANT.
27 " DORSUM PEDIS

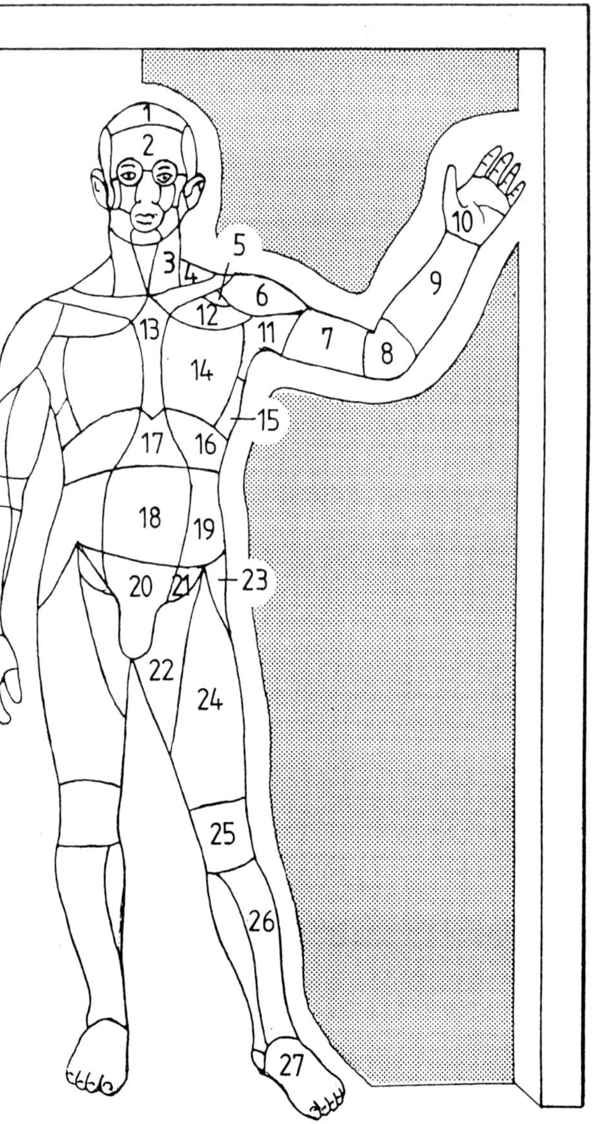

ABB. 4a

Die Abbildung der Körperregionen dient dem Erkennen der Schmerz- und Wirkungsbereiche bzw. der Schnittstellen und »Überlappungszonen« (**ABB. 4a, b:** in Anlehnung an Sobotta-Becher)

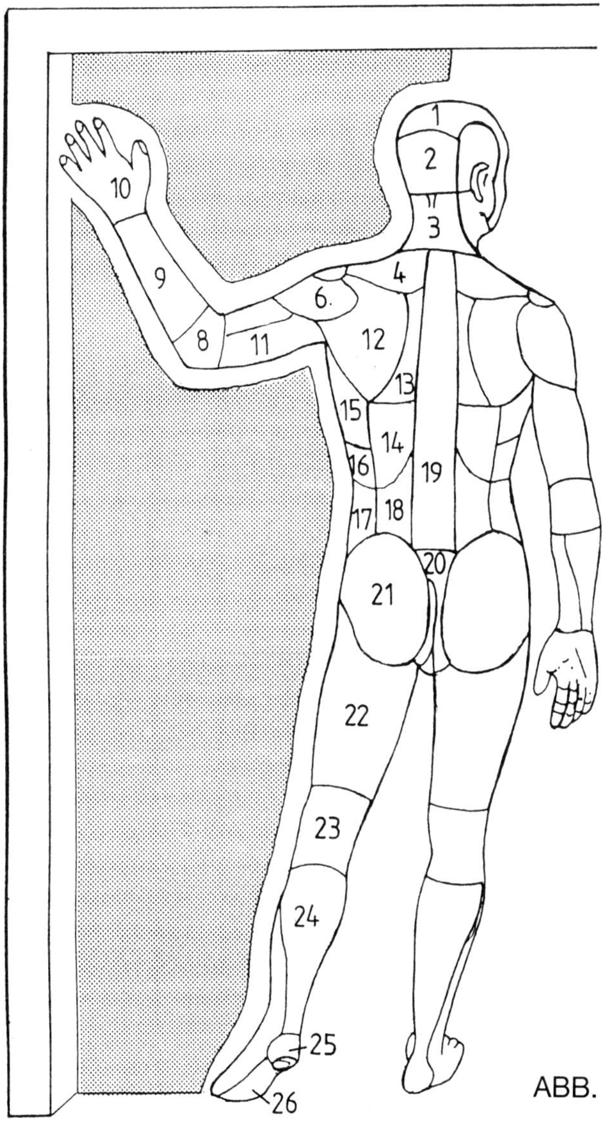

1 REGIO PARIETALIS
2 " OCCIPITALIS
3 " COLLI POST.
4 " SUPRASCAPULARIS
5 " ACROMIALIS
6 " DELTOIDEA
7 " BRACHII ANT.
8 " CUBITI POST.
9 " ANTEBRACHII POST.
10 " DORSUM MANUS
11 " BRACHII POST.
12 " SCAPULARIS
13 " INTERSCAPULARIS
14 " INFRASCAPULARIS
15 " PECTORIS LATERALIS
16 " HYPOCHONDRIACA
17 " LATERALIS
18 " LUMBALIS
19 " VERTEBRALIS
20 " SACRALIS
21 " GLUTEA
22 " FEMORIS POST.
23 " GENU POST
24 " CRURIS POST.
25 " CALCANEA
26 " PLANTA PEDIS

ABB. 4b

Zur »Kurzorientierung« siehe **Tabellen 1–4** (Seiten 40–43) (**Tabellen 3–4:** in Anlehnung an Bewegungs- und Muskeltabellen aus Knott/Voss: Komplexbewegungen, Gustav Fischer Verlag, Seiten 272–273.)

Tab. 1: Muskelkomponenten der Armmuster mit Schultergürtel

FLEX -- ABD -- AR	FLEX -- ADD -- IR*
Trapezius (Scapula)	Serratus ant. (sacpula)
Deltoideus med.	Deltoideus ant.
Supraspinatus	Pectoralis maior
Infraspinatus	Coracobrachialis
Teres minor	Biceps med.
Brachioradialis	Triceps
Supinator	Latissimus dorsi
Ext. carpi rad. long.	Subscapularis
Ext. digit. comm.	Pronator quadratus
Ext. poll. long./brevis	Pronator teres
Ext. indicis	Ext. carpi ulnaris
Abd. poll. brevis	Ext. digit. comm.
Interossei dorsales	Ext. poll. long./brevis
Lumbricales	Ext. indicis
	Abd. poll. long.
	Interossei dorsales
	Lumbricales

EXT -- ABD -- AR*	EXT -- ADD -- IR
Levator scapulae	Pectoralis minor
Rhomboideus	Subclavius
Supraspinatus	Subscapularis
Infraspinatus	Pectoralis maior
Teres minor	Latissimus dorsi
Deltoideus post.	Teres maior
Triceps brachii	Deltoideus ant.
Supinator	Pronator teres
Ext. carpi rad.	Flexor carpi uln.
Ext. digit. comm.	Flexor digit.
Ext. poll. long	superfic./profund.
Ext. digit V propr.	Flex. poll. brevis
Abd. poll. brevis	Opp. pollicis
Abd. digit. V	Interossei palm.
Interossei dorsales	Lumbricales
Lumbricales	

* modifiziert, s. Text Seiten 73, 145

Tab. 1a: Armmuster-Variation

EXT--ADD--AR--ELLFLEX
»DenkerIn«

Levator scapulae	Brachioradialis
Serratus ant.	Supinator
Triceps	Flexor carpi radialis
Teres maior / minor	Flexor digit. superfic. / profundus
Deltoideus	Flexor poll. brevis
Pectoralis maior / minor	Opp. pollicis
Latissimus dorsi	Interossei palmares
Infraspinatus	Lumbricales
Biceps	Palmaris longus
Brachialis	

Beim Rollen der Stirn über die Handschwelle:
Pronator teres / quadratus
Flexor carpi ulnaris

Tab. 2: Muskelkomponenten des Beinmusters

FLEX -- ADD -- AR	⇄	EXT -- ABD -- IR
Psoas maior / minor		Glutaeus maximus
Iliacus		Glutaeus med. / mini.
Rectus femoris / vastus med.		Biceps femoris
Pectineus		Gastrocnemius lat.
Add. long / brevis		Soleus lat.
Gracillis		Peroneus brevis / longus
Sartorius		Flexor hall. long. / brevis
Tibialis ant.		Flexor digit. min. brevis
Ext. hall. long.		Quadratus plantae
Ext. digit. long. / brevis		Add. hall.
Abd. hallucis		Interossei plantares
Interossei dorsales		Lumbricales
Lumbricales		

Tab. 3: Kopf und Hals

Bewegungsmuster	Muskeln (linke Seite)
Flexion mit Rotation-links Extension mit Rotation-links Rotation-links	Platysma . . . . Trapezius . . . . Levator scapulae . . . .
Flexion mit Rotation-links aus der Dehnung bis zur Mittelstellung Flexion mit Rotation- rechts aus der Mittelstellung bis zur Endstellung Rotation-links aus der Dehnung bis zur Mittelstellung Rotation-rechts aus der Mittelstellung bis zur Endstellung	Sternocleidomastoideus . . . .
Flexion mit Rotation-links	Suprahyoidei-Muskeln . . . . . Infrahyoidei-Muskeln . . . . .
Flexion mit Rotation-rechts Flexion mit Rotation-links	Rectus capitis lateralis . . . . . Rectus capitis anterior . . . . .
Flexion mit Rotation-links	Longus colli . . . . Longus capitis . . . .
Flexion mit Rotation-links Rotation-links	Scalenus anterior . . . . Scalenus medius . . . . Scalenus posterior . . . .
Extension mit Rotation-links	Rectus capitis posterior minor und major . . . . Obliquus capitis inferior . . . . Obliquus capitis superior . . . .
Extension mit Rotation-links	Splenius capitis . . . . Longissimus capitis . . . . Splenius cervicis . . . . Longissimus cervicis . . . . . . Iliocostale cervicis . . . . Interspinales . . . . Intertransversarii . . . . Semispinalis captitis . . . . .
Extension mit Rotation-rechts	Semispinalis cervicis . . . . . . Multifidus . . . .

Tab. 4: Rumpf

Bewegungsmuster	Muskeln (linke Seite)
Rumpfextension mit Rotation-links	Spinalis thoracis . . . . Longissimus thoracis . . . . . . Iliocostalis thoracis . . . . Iliocostalis lumborum . . . . . Sacrospinalis . . . . Interspinales . . . . Intertransversarii . . . .
Rumpfextension mit Rotation-rechts	Semispinalis dorsi . . . . Multifidus . . . . Rotatores . . . .
Rumpfextension mit Rotation-links Rumpfflexion mit Rotation-links Rumpfrotation-links	Quadratus lumborum . . . . . .
obere Rumpfflexion mit Rotation-rechts untere Rumpfflexion mit Rotation-links	Obliquus externus . . . .
obere Rumpfflexion mit Rotation-links untere Rumpfflexion mit Rotation-rechts	Obliquus internus . . . .
obere Rumpfflexion mit Rotation-links untere Rumpfflexion mit Rotation-links	Rectus abdominis-linker Anteil
Rumpfextension mit Rotation-links obere Rumpfrotation-links	Transversus abdominis . . . . .
obere Rumpfextension mit Rotation-links	Intercostales externi . . . . . . Serratus posterior superior . . . Diaphragma . . . .
obere Rumpfextension mit Rotation-rechts	Levator costarum . . . . Serratus posterior inferior . . .
obere Rumpfflexion mit Rotation-links	Intercostales interni . . . . Subcostales . . . . Diaphragma . . . .
obere Rumpfflexion mit Rotation rechts	Transversus thoracis . . . . . .

Wo drückt's -- wo zieht's --
wo klemmt's?

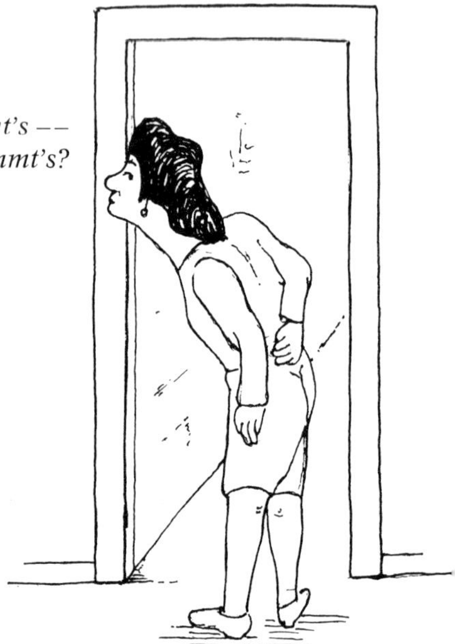

Da sitzt er: »Kopf-Hals-Arm-Kreuz-Bein«-Schmerz.

TEIL III
BEWEGUNGSSEQUENZEN IM SITZ UND STAND

Rein in den Rahmen – Ran an den Schmerz

Alltag, Beruf, ein Unfall oder Schmerzen führen zu gewohnheitsbedingtem »Einbeinstand, Einpositz und Einseitblick« (s. Alltagsmotorik, Seite 15).
Als Konsequenz entwickeln sich skoliotische Fehlhaltungen, aus denen wiederum Fixierungen und Schmerzen entstehen (Kopf-, Nacken-, Schulter-, Arm- und Wirbelsäulenbeschwerden sowie Kreuz-, Hüft-, Bein- und Knieschmerzen), natürlich auch Haltungsschwächen. Asymmetrische Muskelkraft führt zu asymmetrischen Haltungs- und Bewegungsmustern und diese wiederum verstärken die asymmetrische Muskelkraft. Die Spirale wird enger, der Teufelskreis geschlossen [16].
Mit dem Türrahmen-Programm,bei einer neurophysiologisch optimalen Ausgangsposition, wird innerhalb komplexer Verstärkung sowohl generell als auch gezielt und selektiv auf einzelne Schwachstellen eingewirkt. Die synergistisch verkürzten oder gedehnten Muskelketten garantieren eine übergreifende Wirkung auf die sich meist überlappenden Schmerzregionen(ABB. 4a, b, Seite 38–39). Gleichzeitig werden in symmetrischen und asymmetrischen Haltungs- und Bewegungsmustern ökonomische Bewegungsabläufe geschult.
Die PNF-Techniken fördern somatisch die Stabilisation und Körperwahrnehmung, psychosomatisch den Abbau von Schmerzen. Das korrigierte Haltungsgefühl sollte bewahrt, zumindest immer wieder in Erinnerung gerufen werden, um Verschlechterungen entgegenzuwirken.

Sämtliche nachstehende Bewegungssequenzen fanden bisher bei 10–84jährigen und in folgenden Fällen ihre

ANWENDUNGSBEREICHE

Zur Korrektur und Kräftigung

bei Haltungsfehlern chirurgischer, internistischer, orthopädischer, neurologischer oder psychosomatischer Herkunft.

Zur Mobilisation, Schmerzentlastung und Stabilisation

bei folgenden Diagnosen (nach Körperregion aufgelistet): Spannungskopfschmerz (Migräne), neurogener Schiefhals, Schultersteife, Zervikobrachialsyndrom, Epikondylitis, »depressiver« Rundrücken, paramediane Wirbelsäulenschmerzen, Skoliose, Scheuermannsche Erkrankung, M. Bechterew, Osteoporose, Bandscheibenvorfall, Ischialgie, Lumbago, Hüft- und Kniearthrose, Chondropathia patellae, inkomplette Querschnittlähmungen, Dermatomyositis, Hemiplegie, Multiple Sklerose, Muskeldystrophie, Polyneuropathie und Poliomyelitis, bei Frakturen und operativen Korrekturen im Skelettbereich, vorausgesetzt, das aktive freie Üben gegen Eigenschwere und die Rotation sind erlaubt.

Check

Bei den Stütz-, Stemm- und Standübungen muß die jeweilige Extremität belastungsstabil sein, sonst bleibt sie Spielarm oder Spielbein.
Nach konservativ oder operativ versorgten Wirbelfrakturen und Bandscheibenoperationen im HWS- und BWS-Bereich müssen die Kopf- oder Rumpfbeugung sowie die Rotation freigegeben sein. Auf die möglichen Variationen wird bei den speziellen Sequenzen hingewiesen.
Bei akuten und massiven Schmerzzuständen ist die Verstärkung einerseits geboten, andererseits müssen die Kopf-, Schulter- und Beckenposition ständig kontrolliert und der Grad der Rotation sorgfältig dosiert werden, z. B. minimale Pendelbewegung des Kopfes nach Schleudertrauma, bei ständiger Rückmeldung seitens des Patienten. Dies gilt auch bei allen Verstärkungsmustern in die Rumpfrotation nach Bandscheibensymptomatik.

In allen Fällen, besonders nach akuter Bandscheibenprotrusion, ist ein genauer Haltungs-Schmerz-Status unabdinglich.

Wenn die KG auf Anhieb mit der individuell richtigen Verstärkungs- und Entlastungshaltung eine Therapie beginnt, fördert sie das Vertrauen und die Kooperationsbereitschaft, besonders bei schmerzbedingter Angst und Verspannung der Patienten. Erstbefundung sowie das Gespräch über die Alltagsmotorik können auch im Türrahmen stattfinden.
Das Hauptziel ist, ein Selbsthilfeprogramm zu erarbeiten.

Vielleicht schütteln die Kollegen nur anfangs den Kopf!

Zwängen Sie sich nie in einen zu engen Rahmen -- ziehen oder zerren Sie sich nicht in eine Drehung -- geben Sie langsam nach -- schleifen Sie die Diagonalbewegungen rhythmisch, aber in Zeitlupe ein -- geben Sie sich selbst oder Ihrer KG eine Rückmeldung, wenn Sie eine Position als wohltuend, entlastend oder schmerzlindernd empfinden -- verharren Sie unbedingt darin -- spielen Sie mit dem »frei« gewordenen Drehpunkt, mit der Halswirbelsäule, dem Schulter- oder Hüftgelenk, je nachdem, was mehr schmerzt -- vergessen Sie die Atmung nicht -- suchen Sie sich innerhalb der Verstärkungsmuster immer die angenehmste Drehposition heraus, sie soll verstärken und nicht behindern -- merken Sie sich, wo es klemmt, drückt oder zieht -- dafür gibt es dann die nächste Sequenz.
Alle Bewegungssequenzen werden prinzipiell nach beiden Seiten gleichmäßig durchgeführt, es sei denn, die Diagnose erfordert eine einseitige Betonung. Bei der Kombination der jeweiligen Sequenzen sowie der Bewegungsrhythmik spielt neben dem objektiven Befund auch das subjektive Bedürfnis oder die individuelle Tagesform des Patienten eine Rolle.

Rahmentausch ist hier empfohlen.

Die funktionellen Diagonalbahnen müssen eingehalten werden. Zwischen maximaler Ausgangsposition und maximaler Endposition dagegen sind innerhalb der jeweiligen Diagonalen Kompromisse möglich oder notwendig (siehe Variationen).

Finden Sie Ihre Mitte, bevor Sie wieder seitwärts ausschlagen **(ABB. 5)**.

1) Vordere Blenden,
2) Zargen,
3) hintere Blenden,
4) vordere und hintere Zargenfluchtlinie (Schwellenkanten, falls vorhanden),
5) Querzarge,
6) Türpfosten.

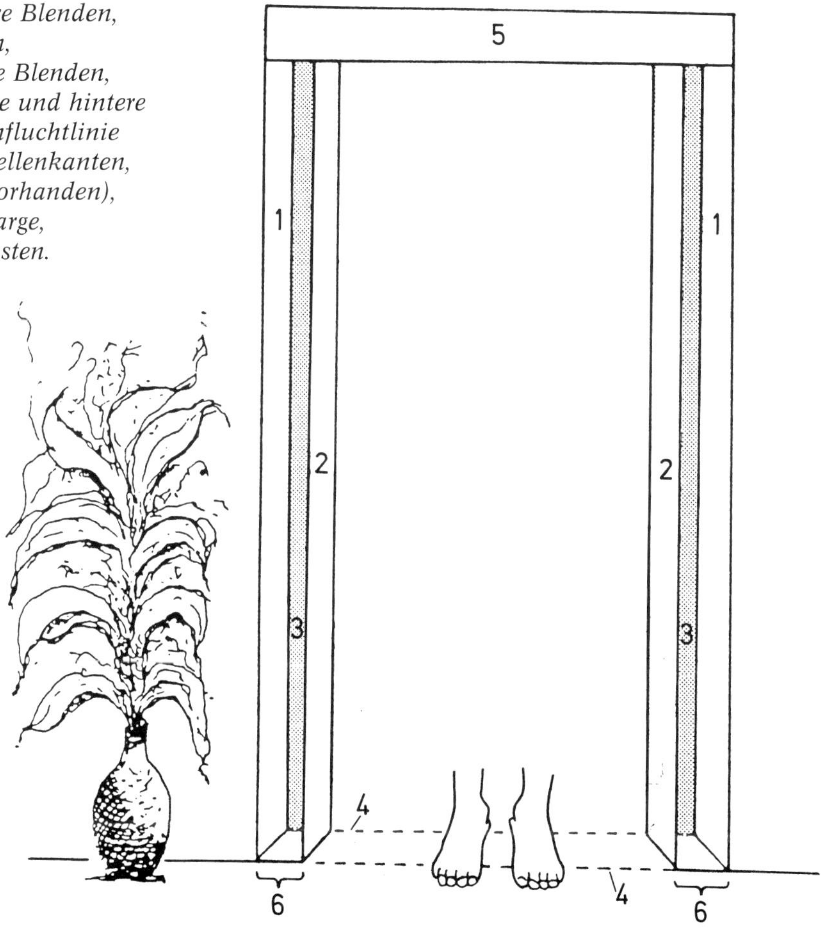

ABB. 5: *Bezugsrahmen*

1. Annäherung an den Türrahmen – Schemelsitz frontal

Grundsätzlich gilt, daß ein Drittel des Schemels, natürlich auch des Podex, hinter der Zargenfluchtlinie (= Schwellenkante) hinausragt. Dadurch wird verhindert, daß vor allem bei den Übungen mit erhobenen Armen ins »Hohlkreuz« ausgewichen wird, bzw. das Körperlot weit hinter die vertikale Belastungsachse fällt.
Variieren Sie die Höhe der Sitzgelegenheit entsprechend der Beinlänge bzw. Ihrer individuellen Fähigkeit, in der Hüfte zu beugen. Lieber ein dickes, hartes Kissen auf den Schemel legen, als sofort zu einem normal hohen Hocker zu greifen! Nur sehr lange oder extrem bewegliche Menschen können dann noch die Fäuste bequem zwischen den Füßen ablegen **(ABB. 6)**.

ABB. 6: *Grundposition –– Schemelsitz im Verhältnis zum Rahmen.*

Grundposition (GP) –– Schemelsitz frontal

7

ABB. 7

Der Abstand zwischen Schemelbeinen und Zargen muß auf beiden Seiten unbedingt gleich sein –– Fersen stehen 10–20 cm auseinander –– Fußspitzen und Knie nach außen gedreht –– Knie und Hüften mehr als 90° gebeugt.

Ihr Blick sucht sich einen Anhaltspunkt an der gegenüberliegenden Wand, so daß der Kopf möglichst in der Mitte ist –– Nacken lang –– Kinn etwas gesenkt –– Hände liegen locker auf den Knien.

Richten Sie den Blick genau zwischen die Fersen –– schauen Sie dann wieder geradeaus.

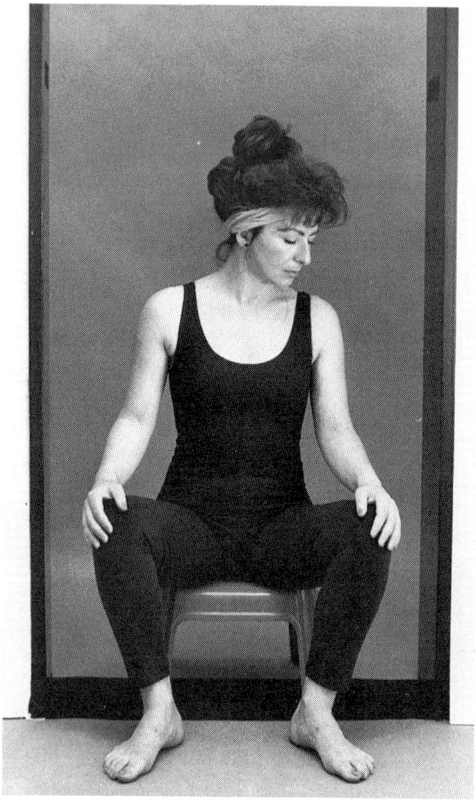

8a

8b

ABB. 8a, b

Schauen Sie zuerst am linken, dann am rechten Ellbogen vorbei -- nur den Kopf bewegen, nicht die Arme oder Beine! -- Nach welcher Seite bewegt er sich leichter?

ABB. 9a, b

»Erobern Sie sich den Türrahmen«!
Gleiten Sie mit der linken, dann mit der rechten Handfläche die Zargen hoch -- Blick bleibt zunächst am jeweiligen Knie, zieht nach einigen Wiederholungen dann mit der Hand nach oben -- Erfolgt eine seitengleiche Rumpfdehnung bzw. -streckung?

9a

10

9b

ABB. 10

Legen Sie nun beide Handrücken an die Zargen -- Arme erhoben -- Ellbogen leicht gebeugt -- Fingerspitzen möglichst auf gleicher Höhe -- Kopf in der Mitte.

Check

Sind die Fersen nach innen gedreht -- zeigen die Fußspitzen und Knie nach außen -- stehen die Fersen auf gleicher Höhe -- sind die Pobakken gleich stark belastet -- hat der Blick die Mitte gefunden -- welche Drehung oder Dehnung war schmerzhaft?
Zur Selbstkontrolle wäre ein Spiegel, gegenüber dem Türrahmen angebracht, optimal. Allerdings erleichtern auch bunte Kreppstreifen, parallel in Höhe der Handgelenke an die Zargen geklebt, Seitenungleichheiten zu erspüren und auszugleichen.

Für sämtlich Bewegungssequenzen gilt:
Wiederholen Sie jeden auch noch so kleinen Bewegungsweg mindestens fünf bis sechs Mal und zwar im Zeitlupentempo -- verharren Sie in der jeweiligen Endposition einige Sekunden -- erspüren Sie die Bewegung -- erfühlen und definieren Sie die jeweilige »behinderte« Körperregion möglichst genau.
Bewußtes Atmen in die gedehnten Bereiche, auch langsames halblautes Zählen bei den Stemmübungen (auf sechs bis zehn), verhilft zu einem ruhigen Bewegungsrhythmus und zur Selbstkontrolle.

Armmuster: symmetrisch -- Rumpfstreckung und Rumpfbeugung

ABB. 11 -- Ausgangsposition (AP) -- Streckmuster symm.
Arme erhoben -- Ellbogen leicht gebeugt -- Handrücken liegen auf gleicher Höhe an den Zargen -- Finger sind geöffnet -- Daumen zeigen nach hinten -- Blick geradeaus -- Nacken lang -- Kinn etwas zum Brustbein gesenkt -- Rumpf gestreckt -- Schultern locker -- Fußspitzen und Knie nach außen gedreht -- Fersen nach innen.

Bewegungsablauf (BAB)

Beide Hände schließen zu Fäusten -- Daumen drehen nach innen unten -- die gestreckten Arme kreuzen in Höhe der Handgelenke, links über rechts -- Blick zieht mit den Fäusten zwischen die Füße.

11

12

ABB. 12 -- Endposition (EP) -- Beugemuster symm.*

Fäuste liegen links über rechts** gekreuzt und nach innen gedreht zwischen den Füßen -- Kopf, Rumpf, Hüfte, Knie, Fußgelenke gebeugt -- Blick zum Bauchnabel.

Check

Hängt der Kopf entspannt nach unten -- sind die Schultern nicht hochgezogen -- die Füße und Knie nach außen gedreht -- ist genug Platz für die Fäuste?

---

* Entspannungssymbol, wird wiederholt aufgezeigt als ABB. X.

** Die meisten Menschen sind Rechtshänder. Überkreuzt der linke Arm den rechten, erreichen Sie eine kleine, aber wichtige Drehkorrektur der Brustwirbelsäule; bei Linkshändern umgekehrt.

13

ABB. 13 -- Umkehr (UMK)

Hände öffnen -- Daumen nach oben, außen drehen -- Blick folgt den Händen etwa bis Brusthöhe -- Arme ausbreiten und hochheben -- beide Handrücken zurück an die Zargen -- Blick zur Mitte (ABB. 11).

Die symmetrischen Streck- und Beugemuster sind Grundpositionen, die allen weiteren asymmetrischen Bewegungssequenzen vorausgehen, ihnen zwischengeschaltet werden oder sie abschließen -- entweder die »Mitte« stabilisierend oder entspannend.
Schleifen Sie alle Bewegungsabläufe langsam ein -- verharren Sie in den jeweiligen Positionen lange genug, um die komplexe Spannung zu spüren -- wechseln Sie aber sofort in die Bewegungsumkehr, wenn sich die leiseste Verspannung ankündigt!

Ist Ihnen die Bewegungsbahnung geläufig, dann:

- drücken Sie im Streckmuster (AP: ABB. 11) kurz mit beiden Handrücken gegen die Zargen, bevor die Fäuste sich schließen --

– stemmen Sie im Beugemuster (EP: ABB. 12) kurz mit beiden Fäusten in den Boden, bevor die Hände sich öffnen.

Kurzer Druck (Stretch): gezielte Stimulation aller Beuge- bzw. Streckmuskeln der Arme mit Überfließen der Spannung auf die Rumpfmuskulatur.

Langer Druck (Isometrie, 7–10 Sekunden): bewirkt Muskelkräftigung und Stabilisation der Wirbelsäule und Gelenke.

Spielarten

ABB. 11, Seite 55 -- AP: Streckmuster symm.

a) Blick liegt zwischen den Fußspitzen -- wandert langsam hoch, zur vorderen Querzarge (isolierte Kopfbeugung und -streckung).
b) Blick (Kopf) pendelt mit gesenktem Kinn: von Knie zu Knie -- von Ellbogenbeuge zu Ellbogenbeuge -- und diagonal von Knie zu Ellbogenbeuge (isolierte Kopfdrehung).
c) Beide Handrücken geben längeren Druck gegen die Zargen (Isometrie, verstärkte Rumpfstreckung und Dehnung der Brustkorbregionen).
d) Fersen stemmen wie bei einer Vollbremsung gleichzeitig in den Boden (Verstärkung der Streckung von den Beinen her).

Bei den isometrischen Spannungformen im symm. Streckmuster sollte das Kinn immer Richtung Brustbein zeigen -- Blick etwa zwischen die Füße gerichtet -- im symm. Beugemuster liegt das Kinn fast auf dem Brustbein -- Blick Richtung Bauchnabel. Wiederholen Sie alle Bewegungsformen langsam -- spielen Sie vorsichtig mit der Drehung an der Schmerzgrenze -- immer gilt: bei Verspannungsgefühl in die Umkehrbewegung!

ABB. 12, Seite 55 -- EP: Beugemuster symm.

a) Blick (Kopf) pendelt von Ellbogenbeuge zu Ellbogenbeuge -- von Knie zu Knie -- Kinn maximal gesenkt (isolierte Kopfdrehung).
b) Die überkreuzten Fäuste stemmen in den Boden -- automatisch schiebt sich der Rumpf nach hinten -- (Isometrie, verstärkte Rumpfbeugung und Dehnung der Schulterblatt- und angrenzenden Regionen).

Die Fäuste drücken nur so fest in den Boden, wie es der angenehmen Dehnung, vor allem zwischen dem 7. Halswirbel und den Schulterblättern förderlich ist -- Kopf unbedingt gesenkt halten -- Kinn Richtung Brustbein ziehen.

c) Fersen stemmen zusätzlich in den Boden -- zuerst beide gleichzeitig, dann abwechselnd -- Fußspitzen heben sich dabei (verstärkte Dehnung für die Region LWS-Beckenkamm-Iliosakralgelenke).

Check

Be- oder verhindern Sie in keinem Fall durch hochgezogene Schultern, eingeklemmten Hals oder angehaltenen Atem die Dehnung oder Spannung -- überprüfen Sie immer wieder die Position der Knie und Fußspitzen!

Besondere Indikation des Streckmusters

Zervikobrachialsyndrome, Wirbelfrakturen, Bandscheibenoperationen und -vorfälle nach Befund, Osteoporose, Kyphoskoliosen.
Vorsicht aber bei der EP: Beugemuster evtl. nur bis Mittelstellung auf der Rolle oder wenn möglich im Schneidersitz.

VARIATION DER GRUNDPOSITION

Für das symm. Streckmuster

Ist das Hochheben beider Arme nicht vollständig möglich, wird der Schemel weiter hinter die Schwellenkante oder Zargenfluchtlinie gerückt, damit die Handflächen so hoch wie möglich an die hinteren Blenden gelegt werden können.
Besonders angezeigt ist dies bei massiven Schmerzzuständen, Schultersteifen, ausgeprägten Rundrücken und bei Menschen mit starken Bewegungseinschränkungen. In der Praxis eignet sich dafür besonders die Behandlung auf der Rolle **(ABB. 14)**. Auf ihr kann der Patient beliebig weit nach hinten rücken, vorausgesetzt die Hüftabduktion ist ausreichend. Auch wenn sämtliche Türrahmen zu schmal sein sollten, kann er sich mit dieser Variation uneingezwängt bewegen, vor allem auch drehen! (vergl. ABB. 26b, Seite 72)

Für das symm. Beugemuster

Können im Schemelsitz die Handschwellen nur anfangs nicht bequem auf den Boden gestützt werden, empfiehlt es sich ein Buch unterzulegen

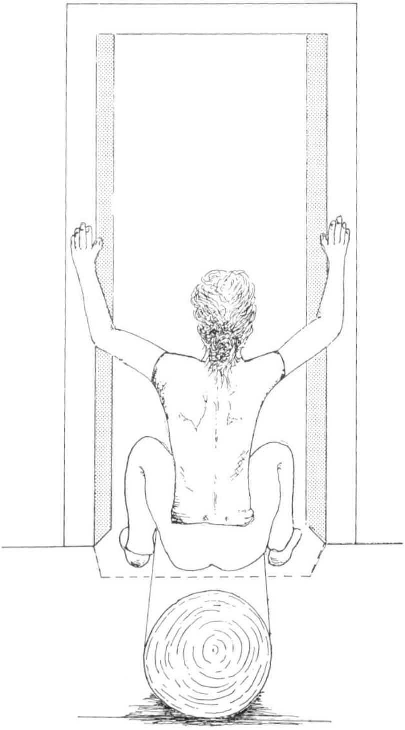

ABB. 14: *Variation der Grund-position auf der Rolle.*

(ABB. 15a). Meist kann es nach einigen Umkehrbewegungen wieder entfernt werden. Bei hartnäckigeren Beugeschwierigkeiten in LWS und Hüften bieten sich als Kompromiß ein Hocker zum Sitzen und einen Schemel zum Stützen an **(ABB. 15b)**.

ABB. 15a–b: *Variationen.*

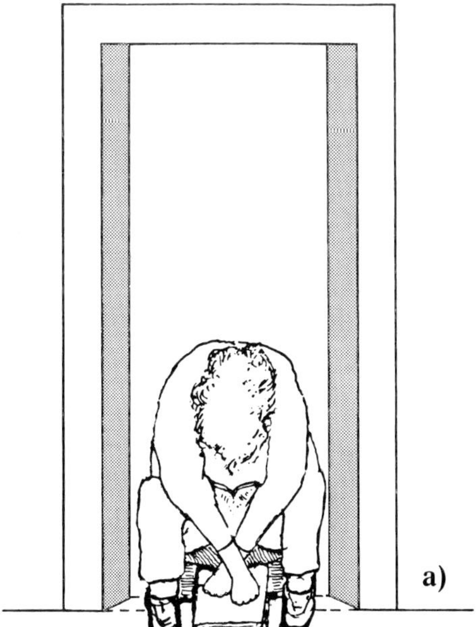

a)

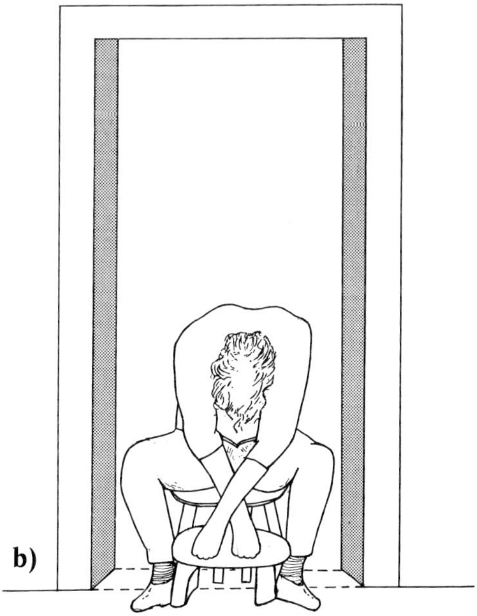

b)

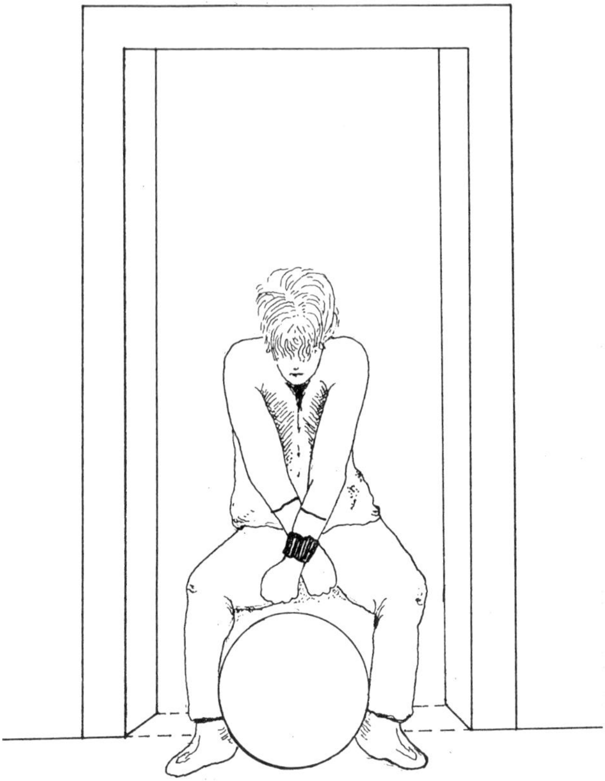

ABB. 16: *Variation.*

Rundrücken, Wirbelfrakturen, Osteoporose und Bandscheibenvorfälle sollten immer erst auf der Rolle behandelt werden **(ABB. 16)**. Sie erlaubt im symm. Beugemuster eine vorsichtige Annäherung an die Rumpfbeugung.
Bei Patienten mit schweren Hüftarthrosen, aber ohne starke Kniebeschwerden oder -deformierungen, kann sich der »Balance-Stuhl« für einige Sequenzen im Sitz als hilfreich erweisen.

Fachspezifische Hinweise

ABB. 11, Seite 55 –– (AP)

FLEX / ABD / AR / leichte ELLFLEX / symm. / RUMPFEXT / HWS-Mittelstellung (MST)

ABB. 12, Seite 55 –– (EP)

EXT / ADD / IR / ELLEXT / symm. / RUMPF- und HWS-FLEX

GP: Untere Extremitäten (UE) -- FLEX / ABD / AR

Die ABD / AR beider Hüften erlauben ein freieres Spiel für die Beckenflexion und -extension und erleichtern die Korrektur der Iliosakralgelenke (z. B. Beckenschiefstand bei Einbeinstand oder Einpositz).

Technik

Rhythmische Initiierung, Antagonistische Bewegungsumkehr, Langsame Umkehr – Halt, Wiederholte Kontraktionen.

Spielarten

Stretch, Isometrie, verstärkte Dehnung am Bewegungsende, Drehpunkte mit Betonung (Kopf).

Zusätzliche Maßnahmen

In den jeweiligen Endpositionen schaffen BGM-Striche oder Schmerzpunkttherapien (Akupressur, Maitland, Shiatsu: s.Anhang) erhebliche Entlastung. Das Behandeln spezieller Punkte mit der Eiskugel bewirkt echte Schmerzminderung, auch bei Insertionstendopathien. Auch Atemübungen sind zur Entspannung möglich, vor allem in die jeweils gedehnten Regionen.

Intermittierender Druck mit flachen Händen oder den Handballen wird von Patienten immer als sehr angenehm empfunden. Im Beugemuster: z. B. auf den Scheitel, zwischen oder gegen die medialen Schulterblätter, gegen die Iliosakralgelenke. Im Streckmuster: auf Schultergürtel und Beckenkamm. Auch isometrischer Widerstand und Zug gegen die Hinterhauptshöcker (os occipitale) sind angezeigt.

Obwohl alle Bewegungssequenzen auch für das spätere »Selbsthilfeprogramm« der Patienten konzipiert sind, kann oder sollte während der Behandlung anfangs Führungskontakt oder zusätzlicher manueller Widerstand gegeben werden, je nach Befund und Fähigkeit des Patienten.

Sind zu einem späteren Zeitpunkt die diagonalen Bewegungsbahnen gut geübt und eingeschliffen, kann durch eine Gewichtsmanschette am Unterarm (max. 500–800 g) eine zusätzliche Kräftigung für die schwächere Extremität erzielt werden. (Check: Kopf-Schulter-Kontrolle.)

Armmuster: asymmetrisch -- Rumpfdrehung nach vorn

Stützarm: sichert, verstärkt, hält (isometrisch)

Spielarm: führt das Bewegungsmuster aus (isotonisch)

ABB. 17 -- AP -- Streckmuster symm.

Arme erhoben -- Handrücken an den Zargen -- Finger geöffnet -- Blick liegt in der linken Handfläche -- Knie, Fersen, Fußspitzen in der Grundposition.

Bewegungsablauf

Rechter Arm bleibt Stützarm -- linke Hand schließt sich zur Faust -- Daumen dreht nach innen, unten -- Blick zieht mit der Faust neben das rechte Knie -- Ellbogen gestreckt.

17

18a–b

ABB. 18a -- EP

Stützarm rechts -- linke Faust liegt nach innen gedreht am rechten, äußeren Knierand -- Daumen zeigt nach unten -- Blick auf der Faust -- Kopf und linke Schulter nach rechts gedreht.

Umkehr

Linker Handrücken zurück zur Zarge -- Blick folgt der Hand -- schleifen Sie die Bewegungsbahn so lange ein, bis die linke Hand eine exakte Diagonale zwischen der Zarge und dem rechten Kniegelenk zieht und umgekehrt -- dann wechseln: rechts wird Spielarm, links Stützarm **(ABB. 18b).**

19

ABB. 19 -- EP -- »Diagonale Denkerin« asymm.

Linker Arm: Stützarm*
Rechte Ellbogenspitze liegt auf dem linken Knie -- Stirn ruht auf der rechten Handschwelle -- Blick in rechte Ellbogenbeuge.

Bewegungsablauf

Rechte Hand schließt sich zur Faust -- Faust legt sich mit der »Handschwelle« **(ABB. 20)** an die Stirn -- Ellbogenspitze zieht zum linken Knie -- Blick in rechte Ellbogenbeuge.
UMK: Handrücken zurück an die rechte Zarge.

---

* Keinesfalls darf die Position des Stützarms bei der »diagonalen Denkerin« schmerzen oder die Drehung des Rumpfes und des Spielarms behindern -- in diesem Fall gibt der Stützarm in der Drehung soweit nach, bis die Hand*innen*fläche an der Zarge liegt, Ellbogen leicht gebeugt.

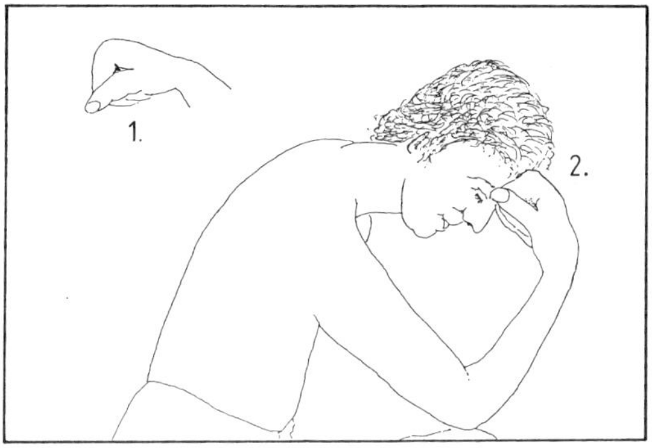

ABB. 20: *1) Handschwelle 2) Handschwelle an Stirn.*

Check

Ellbogenspitze zieht zum Knie, nicht umgekehrt –– nur im Schmerzfall oder bei blockierter Rumpfdrehung kommt das Knie der Ellbogenspitze entgegen –– aber: opfern Sie keineswegs die Position »Faust an der Stirn« der Position »Ellbogen am Knie«!

Oder Variation

ABB. 21 –– AP: Beide Handflächen liegen an den hinteren Blenden –– Arme gesenkt –– Ellbogen gestreckt –– Daumen zeigen nach oben, Blick zur Mitte.

21

22–23

ABB. 22 -- EP: Linke Handfläche stützt gegen die hintere Blende -- jetzt wird die rechte Ellbogenspitze leichter das Knie erreichen, da die starke Arm- und Rumpfdehnung wegfällt. Mehrmals beide Seiten wiederholen **(ABB. 23)**, dann nochmals wie ABB. 19.

Spielarten

ABB. 18a, b, Seite 63 -- EP

Drehen Sie die Faust etwas weiter nach innen -- dann nach außen (isolierte Armdrehung) -- drücken Sie die linke Faust an den äußeren Knierand -- den rechten Handrücken gleichzeitig an die Zarge.

ABB. 19, Seite 64 -- ABB. 22 »Diagonale Denkerin«

a) Bewegen Sie das linke Knie wenig nach innen und außen -- rechte Ellbogenspitze behält dabei Kniekontakt -- die Stirn ruht auf der Handschwelle (minimale Hüft- und Rumpfdrehung).

b) Rollen Sie ganz langsam die Stirn über die Handschwelle -- vom Knöchel des Zeigefingers zum Kleinfingerknöchel -- hin und her (isolierte HWS- und Unterarmdrehung).
c) Drücken Sie die Ellbogenspitze auf das Knie -- die Stirn auf die Handschwelle -- Blick in Ellbogenbeuge (= Beugesynergie, isometrisch).

Check

Alle Bewegungsformen mehrmals im gemütlichen Tempo, spielerisch wiederholen -- Hände lösen sich stets langsam -- Position der Beine überprüfen!

Jeder Arm wiederholt die entsprechende Sequenz etwa fünf bis sechs Mal -- schalten Sie das symmetrische Streckmuster (ABB. 11, Seite 55) dazwischen -- und vergessen Sie nicht, zur Entspannung immer wieder das symmetrische Beugemuster anzuwenden (ABB. X).

X

Besondere Indikation

Migräne, akutes Zervikobrachialsyndrom, Hyperlordose der HWS, diffuser Schulterschmerz, Schultersteife, ausgepräge BWS-Skoliose mit LWS-Syndrom.
Die »diagonale Denkerinnenpose« ABB. 19, 23, Seiten 64, 66, wirkt gezielt in der schwer zugänglichen Region zwischen 7.Halswirbel, Brustwirbelsäule, Schulterblatt, Oberarm. Die Rumpf-Nackendehnung, verbunden mit der Entlastung durch »Faust an der Stirn«, erhöht die Effektivität der Dehnung und die Beugesynergie in den oben bezeichneten Bereichen.
Verstärkte Dehnung erfährt ebenfalls der Bereich Beckenkamm-Lendenwirbelsäule -- vorausgesetzt Sie versuchen nicht, das gleichseitige Knie nach innen zu drehen -- deshalb: überprüfen Sie immer wieder die Grundposition der Beine, Knie, Füße! (Vergl. dorsale Regionen und ihre Überlappungsbereiche, ABB. 4a, b, Seite 38, 39).

Fachspezifische Hinweise

ABB. 17, Seite 62 -- AP

FLEX / ABD / AR / ELLEXT / symm. / RUMPFEXT / KOPFEXT und ROT nach links-oben.

ABB. 18a, Seite 63 -- EP

Rechts: Stützarm; Verstärkung für Spielarm
Links: EXT / ADD / IR / ELLEXT / KOPF- UND SCHULTERGÜRTEL ROT mit FLEX nach rechts-unten

ABB. 19, Seite 64 -- EP

Spielarm: EXT / ADD / AR / ELLFLEX / KOPF- UND SCHULTERGÜRTEL ROT mit FLEX nach links.
Verändert ist in diesem Pattern die Rotationskomponente der OE zugunsten der totalen Beugesynergie: Ellbogen – Handgelenk – Kopf – Rumpf und der erweiterten Dehnmöglichkeit (vergleiche original PNF-Muster).

ABB. 21, Seite 65 -- AP

EXT / ABD / AR / ELLEXT / symm. / KOPFMST

ABB. 22, Seite 66 -- EP

Spielarm rechts: EXT / ADD / ELL- HANDGELENK- FINGER-
KOPF- RUMPF-FLEX; ROT nach links
Untere Extremitäten: FLEX / ABD / AR: GP: Schemelsitz

Technik

Rhythmische Initiierung, Antagonistische Bewegungsumkehr, Langsame Umkehr – Halt, Wiederholte Kontraktionen.

Spielarten

Betonung der Drehpunkte, Druck am Bewegungsende.

Zusätzliche Maßnahmen

Durch die »freigedehnten« Regionen (s. oben und Anatomie, Seite 36) ergeben sich beste Möglichkeiten, den sonst versteckten Schmerzpunkten beizukommen (BGM, Maitland, Shiatsu, Eiskugel, vergl. Anhang: Zusätzliche Maßnahmen).

Nur kein Alter vorschützen!

X

Armmuster: asymmetrisch –– Rumpfdrehung nach hinten

GP –– Beugemuster symm. –– (ABB. X)

Bewegungsablauf

Rechte Handfläche greift in Stirnhöhe an die linke Zarge –– Fingerspitzen legen sich um die hintere Blende –– Daumen zeigt nach unten –– Ellbogen gebeugt –– rechte Hand verstärkt die Drehung des Rumpfes nach links-hinten –– gleichzeitig dreht die linke Hand, als ob sie etwas greifen wollte, nach hinten –– Daumen zeigt nach oben –– Ellbogen gestreckt –– Blick folgt dem linken Daumen (über die Ellbogenbeuge, niemals über die Schulter).

ABB. 24 –– EP

Rechter Arm erhoben –– Ellbogen gebeugt –– Handfläche liegt an linker Zarge –– Fingerspitzen um die hintere Blende –– Daumen zeigt nach unten –– linker Arm gesenkt und nach hinten außen gedreht –– Ellbogen gestreckt –– Finger geöffnet –– Daumen zeigt nach oben –– Blick in linke Ellbogenbeuge oder auf linken Daumen gerichtet **(UMK ABB. 25).**

24

25

Spielarten

ABB. 24 -- EP

a) Die rechten Fingerspitzen spannen gegen die linke hintere Blende (als wollten Sie den Türpfosten nach vorne ziehen) -- Ellbogen gebeugt -- Blick in linke hintere Ellbogenbeuge -- ziehen, nachlassen, ziehen.

b) Rechter Handballen drückt gegen die linke Zarge -- Kopf dreht nach vorn -- Blick in die vordere rechte Ellbogenbeuge -- drücken, nachlassen, drücken.

c) Fließender Wechsel: rechte Hand zieht -- Blick geht nach hinten -- rechter Handballen drückt -- Blick geht nach vorn -- damit wird der rechte Arm abwechselnd Spiel- und Stützarm -- linker Arm verstärkt die Rumpfdrehung in beiden Richtungen.

Check

Greifen Sie mit der hinteren (linken) Hand keinesfalls bis zum Boden, die Betonung liegt in der Drehung nach hinten, nicht in der Seitneige! –– Bleibt die Wirbelsäule möglichst vertikal –– drehen Sie auch nicht die Knie oder den Podex, sondern nur den Rumpf? –– siehe auch Fehlerquellen **(ABB. 26a)**.

Variation der Grundposition

Sollte die Rumpfdrehung oder die Armbewegung über die Körpermitte stark eingeschränkt sein, bieten sich zur Behandlung die Rolle oder die lange Bank an. Indem der Patient weiter hinter die Zargenfluchtlinie rutscht, kann der Rotations- und Adduktionsweg verkleinert werden. Ferner findet die hintere Hand auf der Rolle eine Auflagefläche, verhindert somit eine tendenzielle Dreh-Seitneige des Oberkörpers (ABB. 26b).

__ABB. 26a:__ Fehlerquellen: es nützt wenig, wenn der Schemel zwar um 1/3 zurückgerückt ist, der Po aber vorgerückt bleibt.

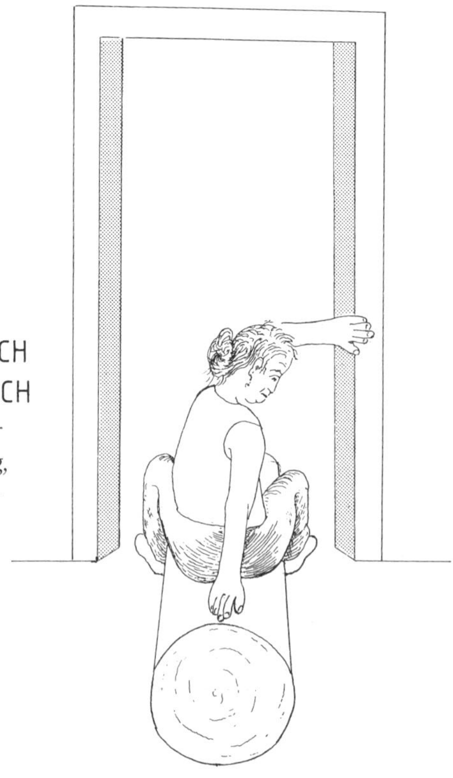

__ABB. 26b:__ Die Rolle als »Alternative«.

ABB. 26b -- AP

Linke Handfläche an der rechten Zarge -- Daumen zeigt nach unten -- rechte Handfläche auf der Rolle -- Daumen zeigt nach vorn -- Blick in die hintere Ellbogenbeuge.

BAB Zug: während die vordere (linke) Hand isometrisch gegen die Blende zieht, krabbelt die hintere (rechte) Hand gleichzeitig weiter in die Drehung -- Blick in die hintere Ellbogenbeuge (verstärkte Kopf- und Rumpfrotation nach hinten).

BAB Druck: während der linke Handballen gegen die Zarge drückt, wandert der Blick in die vordere Ellbogenbeuge -- gleichzeitig drückt der rechte Handballen auf die Rolle (verstärkte Rumpfspannung und Kopfdrehung nach vorne).

Besondere Indikation

Bei Rundrücken, ausgeprägten BWS-Skoliosen, die zu einem extrem schmerzhaften Zervikobrachialsyndrom meist dazugehören, bringt besonders der Druck über den Handballen gegen die Zarge eine wohltuende Entlastung in der BWS-Schulterblattregion -- Zug und Druck im Wechsel wirken insbesondere auf die Kapseln und Bänder des Schultergelenkes (nach Ruhigstellung der oberen Extremität, sofern die Rotation erlaubt ist).

Fachspezifische Hinweise

Obere Extremitäten: asymm.

Rechts: FLEX / ADD / IR / ELLFLEX
Links: EXT / ABD / AR / ELLEXT / RUMPF- UND KOPFROTATION nach links

In beiden Pattern sind die klassischen PNF-Rotationskriterien vertauscht:
Der FLEX / ADD / ist die IR, der EXT / ABD / die AR, bzw. Rotationsmittelstellung zugeordnet:
Bei erhobenem adduzierten Arm, als punctum fixum, bringt die Innenrotation bei oben erwähnter Indikation einen starken Deh-

nungs- und Entlastungseffekt der meist vor Myogelosen und Verklebungen »strotzenden« hinteren Achselrand-Oberarm-Region (verstärkte Dehnung der Regionen 6, 11, 12, 15 und der betreffenden Überlappungszonen rechts, Entlastung der BWS zwischen den Schulterblättern).
Die AR in der EXT / ABD verstärkt die Rumpfrotation und die Dehnung des M. pectoralis sowie der Regionen 5, 11, 12, 13, 14 (vergl. ABB. 4a, b, Seite 38, 39).

Technik

Rhythmische Initiierung, Antagonistische Bewegungsumkehr, Wiederholte Kontraktionen.

Spielarten

Rhythmische Stabilisation, Zug und Druck am Bewegungsende, Wechsel der Drehpunkte mit Betonung.

Zusätzliche Maßnahmen

BGM-Striche oder Schmerzpunktbehandlung in den oben bezeichneten Regionen und Überlappungszonen.

Armmuster: asymmetrisch –– Rumpfseitneige

GP –– Beugemuster symm. (ABB. X)

ABB. 27a –– EP

Linker Arm erhoben –– Handfläche liegt an der rechten Zarge –– Daumen zeigt nach unten –– Ellbogen gebeugt –– rechter Arm gesenkt –– die Fingerspitzen berühren, parallel zum Schemel, den Boden –– Daumen zeigt nach vorn –– Ellbogen gestreckt –– Blick ist auf den rechten Daumen gerichtet.

Bewegungsablauf

Linke Handfläche legt sich mit dem Daumen nach unten, an die rechte Zarge –– die rechten Fingerspitzen berühren möglichst den Boden –– Blick folgt dem nach vorne gerichteten Daumen –– wechseln. (UMK **ABB. 27b**)

27a–b

Check

In dieser verstärkten Seitneige muß die Schulterposition immer wieder kontrolliert werden -- der Kopf sollte nicht nach oben gedreht werden (niemals bei akuten Schulter-, Armschmerzen) -- Blick bleibt auf den Daumen der unteren Hand gerichtet **(ABB. 27c–d)**!

Spielarten

ABB. 27a

Der linke Handballen drückt gegen die rechte Zarge -- die rechten Fingerspitzen gleichzeitig gegen den Boden -- Blick bleibt unbedingt nach unten gerichtet (verstärkte Dehnung der linken Seite).
Durch zusätzlichen Druck der linken Ferse in den Boden verstärkt sich der oben genannte Effekt.

27 c–d

Besondere Indikation

Skoliose, Schulter-Armsyndrom, nach längerer Ruhigstellung der oberen Extremität: Dehnung der stark verkürzten, verklebten und verhärteten seitlichen Regionen und deren Überlappungszonen (7, 11, 15, 16, 17, 21, ABB. 4a, b, Seite 38, 39) sowie Korrektur der BWS-Krümmung.

Fachspezifische Hinweise

ABB. 27a –– EP

Spielarm –– FLEX / ADD / IR / ELLFLEX
Stützarm –– EXT / ABD und ROT Mittelstellung / ELLEXT
Rumpf: Seitneige nach rechts / Kopf: Rotation und Seitneige nach rechts

Technik
Rhythmische Initiierung, Antagonistische Bewegungsumkehr, Wiederholte Kontraktionen, Langsame Umkehr – Halt.

Spielart
Verstärkter Druck am Bewegungsende.

Zusätzliche Maßnahmen
In der Endposition bietet sich wiederum das manuelle Durchziehen der Zwischenrippenräume, der hinteren Achselwand, des Beckenkamms sowie der Druck auf denselben an –– ebenso die Maitland-Punktbehandlung entsprechend der Cloward-Zonen, Seite 139, 141.

Kombinationsmuster der oberen und unteren Extremitäten

ABB. 28 –– AP –– symm. Streckmuster

28

ABB. 29 -- EP

Linker Arm erhoben -- Ellbogen gestreckt -- Handrücken an der linken Zarge -- Finger geöffnet -- Daumen zeigt nach hinten.
Rechte Handfläche liegt an der linken Ferse -- Blick auf rechtem Daumen.
Linker Fuß hochgezogen -- Knie und Hüfte gebeugt und nach außen gedreht.
Rechter Fuß steht fest auf dem Boden -- Fußspitze und Knie zeigen nach außen -- Ferse nach innen.

Bewegungsablauf zu ABB. 30

Rechter Handrücken legt sich an rechte Zarge -- rechter Fuß hebt sich, Fußspitze nach außen -- Knie und Hüfte beugen -- gleichzeitig zieht die linke Handfläche Richtung rechter Fuß -- Blick folgt dem linken Daumen -- linker Fuß stellt sich fest auf den Boden -- Fußspitze und Knie zeigen nach außen.

29–30

Spielarten

a) Linker Handrücken und rechte Ferse stemmen gegen die Zarge bzw. in den Boden (Stützarm-Stützbein), verstärken dadurch Spielarm rechts und Spielbein links.
b) Rechter Handrücken zieht hoch an die rechte Zarge -- Blick folgt dem Daumen -- linke Fußspitze tippt nach unten-außen mit gestrecktem Knie (mehrmals wiederholen, dann wechseln)!

Check

Das Stützbein muß immer wieder in der Grundposition sein (Ferse nach innen -- Fußspitze und Knie nach außen).

Besondere Indikation

Dieses kombinierte Bewegungsmuster ist immer dann angezeigt, wenn während der vorab besprochenen Bewegungssequenzen das Gefühl der »eingerosteten Hüfte« eintritt oder prophylaktisch nach jeder neu erlernten Bewegungsbahnung der oberen Extremitäten. Auch als Vorbereitung zum Gehmuster (siehe Stand frontal und seitlich).

Fachspezifische Hinweise
Obere Extremitäten
Stützarm: FLEX / ABD / AR
Spielarm: EXT / ADD / ROTMST

Untere Extremitäten
Standbein: FLEX / ABD / AR / KNIEFLEX
Spielbein: FLEX / ADD / AR / KNIEFLEX (Spielart a) -- EXT / ABD / IR / KNIEEXT (Spielart b)

Technik
Rhythmische Initiierung, antagonistische Bewegungsumkehr.

An dieser Stelle sind nochmals **die wichtigsten Merksätze und Fragen** zu wiederholen:

Zwängen Sie sich nicht in einen zu engen Rahmen -- schleifen Sie die diagonalen Bahnen rhythmisch, aber in Zeitlupe ein -- bewußtes Atmen in die gedehnten Bereiche, auch halblautes Zählen bei der

X

Isometrie fördern einen ruhigen Bewegungsrhythmus -- verharren Sie in den jeweiligen Endpositionen lange genug, um die komplexe Spannung oder die Entlastung zu spüren, wechseln Sie aber sofort in die Bewegungsumkehr, wenn sich die leiseste Verspannung ankündigt -- niemals mit hochgezogenen Schultern, den Kopf isoliert bewegen -- kontrollieren Sie immer wieder die Grundposition der Beine und Füße -- schalten Sie die kombinierten Bewegungsmuster dazwischen -- stabilisieren Sie sich im symm. Streckmuster -- entspannen Sie zwischen jeder neuen Sequenz im symm. Beugemuster **(ABB. X)**.

Alle Bewegungsdiagonalen auch die isolierten Drehbewegungen sollten mindestens 5–6mal hintereinandergeschaltet werden.

Erholungspausen sollten mindestens eine halbe Minute dauern -- Spannungszeiten mindestens 7–10 Sekunden.

Überprüfen Sie immer wieder die Position der Fußspitzen und Knie.

Check

Welches Verstärkungsmuster hat Sie am meisten entlastet -- welche Diagonale oder Drehung empfanden Sie als ausgesprochen schwierig oder schmerzhaft -- welche als wohltuend -- ist Ihr individuell stärkster Schmerzpunkt durch eine der Bewegungssequenzen direkt angesprochen worden -- haben Sie Ihre Mitte gefunden?

Armmuster gekoppelt -- Variationen für Hemiplegiker

Grundposition: Schemelsitz

Fersen stehen etwa 20 cm auseinander -- Fußspitzen und Knie sind möglichst nach außen gedreht -- Knie und Hüften gebeugt.

ABB. 31 -- AP -- Rumpfbeugung

Handflächen liegen auf dem Boden -- Finger beider Hände sind ineinander verschlungen -- Ellbogen gestreckt -- Blick Richtung Bauchnabel.

31

32

33–34

ABB. 32 -- EP -- Rumpfstreckung

Finger bleiben verschlungen -- beide Daumenkuppen berühren sich möglichst -- Handflächen in Schulterhöhe nach außen gedreht -- Ellbogen gebeugt -- Blick auf Daumen.

ABB. 33 -- EP -- Rumpfdrehung

Halten Sie obige Position -- drehen Sie den Oberkörper soweit nach links, bis beide Handflächen an die linke Zarge drücken können -- nachlassen -- wieder drücken -- wechseln **(ABB. 34)**.

ABB. 35 a–b -- AP

Finger verschlungen -- Handflächen liegen über dem rechten/linken Knie -- Ellbogen leicht gebeugt -- Blick auf die Daumen.

35 a–b

36 a–b

ABB. 36 a–b –– EP

Ziehen Sie mit beiden Handflächen so hoch wie möglich an die linke / rechte Zarge –– beide Ellbogen möglichst gestreckt –– Daumen zeigen nach unten –– Blick folgt den Daumen –– stemmen, nachlassen, stemmen.
Wiederholen Sie die Diagonale mehrmals, dann wechseln.

Besondere Indikation

Bei Hemiplegie mit komplettem Ausfall der Armmuskulatur, Erbscher Lähmung, partieller Armparese, bei Schwierigkeiten mit asymmetrischen Bewegungsmustern und Koordinationsstörungen.

Check

Da viele Patienten mit Hemiparese leicht mit dem Bein der betroffenen Seite in die Adduktion / Innenrotation rutschen, ist der Sitz auf der Rolle dafür ideal.

Zusätzliche Maßnahmen

Wenn nötig, Führungskontakt durch die KG für den von der Lähmung betroffenen Arm.

2. *Türrahmen -- Schemelsitz seitlich*

Für die Steigerung und Differenzierung der asymm. Armmuster mit Rumpfrotation (vergl. Seite 70–72) darf der Türrahmen unter keinen Umständen zu schmal sein.

Armmuster: asymmetrisch -- Rumpfdrehung nach hinten
GP: Schemelsitz seitlich

Stellen Sie den Schemel genau in die Mitte des Türrahmens -- die Schemelbeine ragen seitlich gleich weit über die beiden Zargenfluchtlinien hinaus -- die Füße müssen Platz haben; Fersen nach innen, Fußspitzen und Knie nach außen -- testen Sie, ob genug Raum für die Drehung nach hinten bleibt. Den folgenden Bezeichnungen liegt der Bezugsrahmen (ABB. 5, Seite 49) zugrunde.

37 38

ABB. 37 -- Bewegungsablauf

Linke Handfläche greift in Schulterhöhe an die linke Zarge -- Fingerspitzen umfassen die Blende -- Daumen zeigt nach unten -- Ellbogen 90° gebeugt -- Kopf dreht mit dem rechten Arm nach hinten -- Finger geöffnet -- Daumen zeigt nach oben.
Die rechten Fingerspitzen (oder Handfläche) legen sich in Podexhöhe an die rechte hintere Blende -- Ellbogen gestreckt -- Blick liegt in der rechten Ellbogenbeuge.
Bewegungsmuster einschleifen.

Spielarten

Wechsel von Spiel- und Stützarm.

ABB. 38 -- EP

Blick in die linke Ellbogenbeuge (gestreckt)

a) Die rechten Fingerspitzen ziehen isometrisch den Türpfosten nach rechts (verstärkte Kopf- und Rumpfdrehung nach links) -- Zug, nachlassen, Zug, nachlassen usw.

b) Die linken Fingerspitzen schieben den Türpfosten sozusagen in die Wand (isometrische Rumpfdrehung nach rechts) -- Druck, nachlassen, Druck, nachlassen usw.

c) Fließender Wechsel: vordere Hand zieht nach rechts -- Blick geht in die hintere Ellbogenbeuge -- hintere Hand drückt -- Blick geht in die vordere Ellbogenbeuge (isolierte Kopfrotation, mit Überfließen der Spannung auf den Rumpf).

ABB. 39a -- EP

Blick in rechte Ellbogenbeuge (gebeugt)

a) Rechter Handballen drückt gegen die Zarge (minimale Kopf- und Rumpfdrehung nach rechts).

b) Die linken Fingerspitzen verstärken diese Drehung, indem sie gegen die vordere Blende drücken.

c) Die rechten Fingerspitzen ziehen isometrisch den Türpfosten nach rechts (minimale Kopf- und Rumpfdrehung nach links) **(ABB. 39b -- UMK).**

39a–b

Check

Bei sämtlichen Umkehrbewegungen und Spielarten bleibt der Schultergürtel in der Waagrechten -- Schultern sind keinesfalls hochgezogen -- die Wirbelsäule dreht um die vertikale Achse -- die hintere Hand greift immer in Podexhöhe an die Blende -- es findet keine Seitneige oder Rumpfbeugung statt.

Variation der Grundposition

Bei eingeschränkter Rumpfdrehung nach hinten oder ungenügender Außenrotation des hinteren Armes kann der Schemel wiederum hinter (oder vor) die Zargenfluchtlinie gerückt werden, um den Rotationsweg zu verkleinern (oder: Schemelsitz frontal).
Besondere Indikation und fachspezifische Hinweise sowie Grundsätzliches zu dieser Bewegungsdiagonalen siehe Seite 73.

Armmuster: asymmetrisch --
Rumpfdrehung nach vorn

ABB. 40 -- Bewegungsablauf

Die rechten Fingerspitzen greifen in Podexhöhe an die rechte hintere Blende -- linke Handschwelle legt sich an die Stirn -- Ellbogenspitze in Schulterhöhe an die linke Zarge (UMK **ABB. 41**).

Spielarten

a) Linke Ellbogenspitze drückt gegen die Zarge -- Stirn gegen die Handschwelle (isometrische Spannung der Kopf-, Rumpf- und Armbeuger) -- drücken, nachlassen, drücken usw.
b) Die rechten Fingerspitzen (oder die Handfläche) drücken gegen die hintere Blende (verstärkte Rumpfstreckung und Drehung nach rechts).

40

41

Check

Keinesfall Nacken verspannen oder die Schultern hochziehen -- der Rumpf dreht, nicht der Podex!
Begeben Sie sich zur »Zwischenstation« vor dem Seitenwechsel oder zur abschließenden Entspannung ins:

42

ABB. 42 -- Beugemuster symm.

Arme gesenkt -- Fäuste überkreuzt und nach innen gedreht -- Halt auf dem letzten Drittel des Bewegungsweges -- Scheitel liegt an der Zarge oder:

Sie wollen mit dem Kopf durch die Wand bzw. mit dem Scheitel durch die Zarge -- Vorsicht, nicht mit der Stirn (isometrische Verstärkung der Kopf- und Rumpfbeugung, Beckenextension) -- dann mit dem Druck wieder nachlassen.

Besondere Indikation

Schleudertrauma, Bandscheibenvorfälle in der HWS, nach Befund (vergl. Seite 64, »diagonale Denkerin«).

Fachspezifische Hiweise

(vergl. Seite 68)

3. *Türrahmen -- Schneidersitz frontal und seitlich*

ZUSAMMENFASSUNG DER BEWEGUNGS-SEQUENZEN (ABB. 43–82)

Für sämtliche Bewegungssequenzen im Schneidersitz gelten die Anleitungen auf dem Schemelsitz, auch alle weiteren Hinweise und Hervorhebungen.

Der Podex muß unbedingt zu einem Drittel über die hintere Zargenfluchtlinie hinausragen **(ABB. 43 a, b)**. Vorsicht falls ein Kissen benutzt wird!

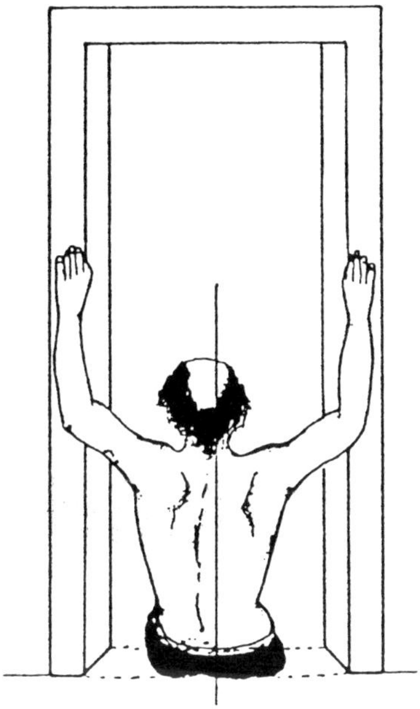

a)

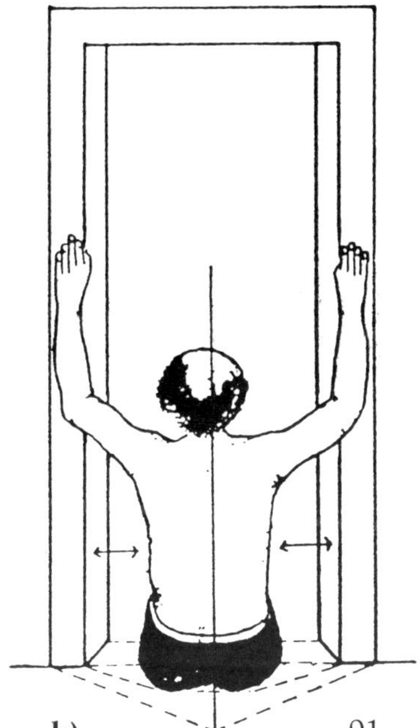

b)

ABB. 43 a–b: *Po zu weit vorn -- Korrektur.*

44–45

46–47

48–49

50–51

52

53

54

55–56

57–58

59–60

61–62

63

64

65–66

67–68

69–70

71–72

73

74

75

76–77

78–79

81

80

82

Notwendige Variationen im Schneidersitz

a) Der Fersendruck als Verstärkung kann nur über den seitlichen Fersenrand ausgeübt werden.
b) Der Rumpfrotationsweg nach vorne ist weiter als beim Schemelsitz **(ABB. 57, 58)**.
c) Bei der Rumpfdrehung nach hinten berühren die Fingerspitzen den Boden **(ABB. 59–64)**.
d) Bei der Rumpfseitneige kann die ganze Handfläche aufliegen -- Daumen zeigt nach vorn **(ABB. 65–68)**.
e) Bei extremen Schultersteifen kann die Rotationsverstärkung nach vorn über die Hand am Knie erfolgen **(ABB. 80–82)**.

Der Schneidersitz sollte bei allen Jugendlichen mit Fehlhaltungen, auch bei beweglichen Erwachsenen angestrebt werden (Achtung: Kniearthrose).

Fachspezifischer Hinweis

Bei besonders ausgeprägten Lumbalskoliosen oder bei extremem Beckenschiefstand kann für das symm. Beuge- und Streckmuster alternativ auch der »Hürdensitz« im Türrahmen (ohne ABB.) praktiziert werden. Er erreicht eine gezielte Korrektur für das Iliosakralgelenk, S1 / L5 und den konvexen Bogen der Lendenwirbelsäule. (Vorsicht aber bei der Rumpfrotation über die verkürzte Seite, die Sequenz »diagonale Denkerin« ist in dieser AP kaum durchführbar!)

4. Türrahmen -- Stand frontal

Annäherung an den Stand

Grundsätzlich gilt:
Nur soweit in den Rahmen treten, daß ca. ein Drittel des Fußes (= Fersen- oder Absatzlänge) über die hintere Zargenfluchtlinie hinausragt **(ABB. 83)**.
Der Abstand zwischen äußeren Fußkanten und Zargen muß auf beiden Seiten unbedingt gleich sein -- Blick sucht sich einen Anhaltspunkt für die Kopfmitte (Korrekturhilfe an der gegenüberliegenden Wand).

ABB. 83: *Fersen um 1/3 zurückgerückt.*

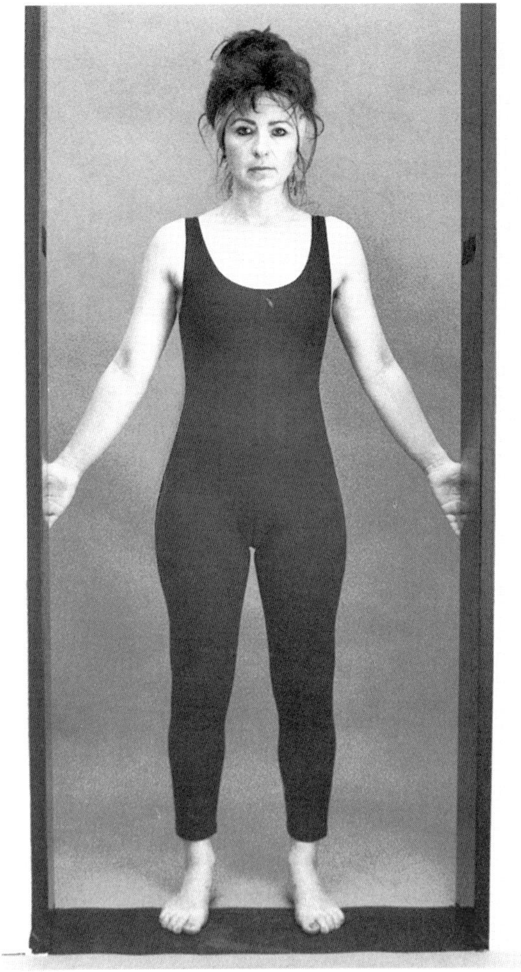

84

ABB. 84 -- Grundposition

Füße stehen hüftbreit gespreizt -- Fußspitzen parallel -- Knie sind gerade, aber nicht überdehnt -- Hüften gestreckt.
Arme gesenkt -- Ellbogen gestreckt -- Handflächen liegen auf gleicher Höhe an den hinteren Blenden -- Finger sind geöffnet -- Daumen zeigen nach oben.
Kopf bleibt gesenkt -- Ihr Blick fällt genau zwischen die Füße.

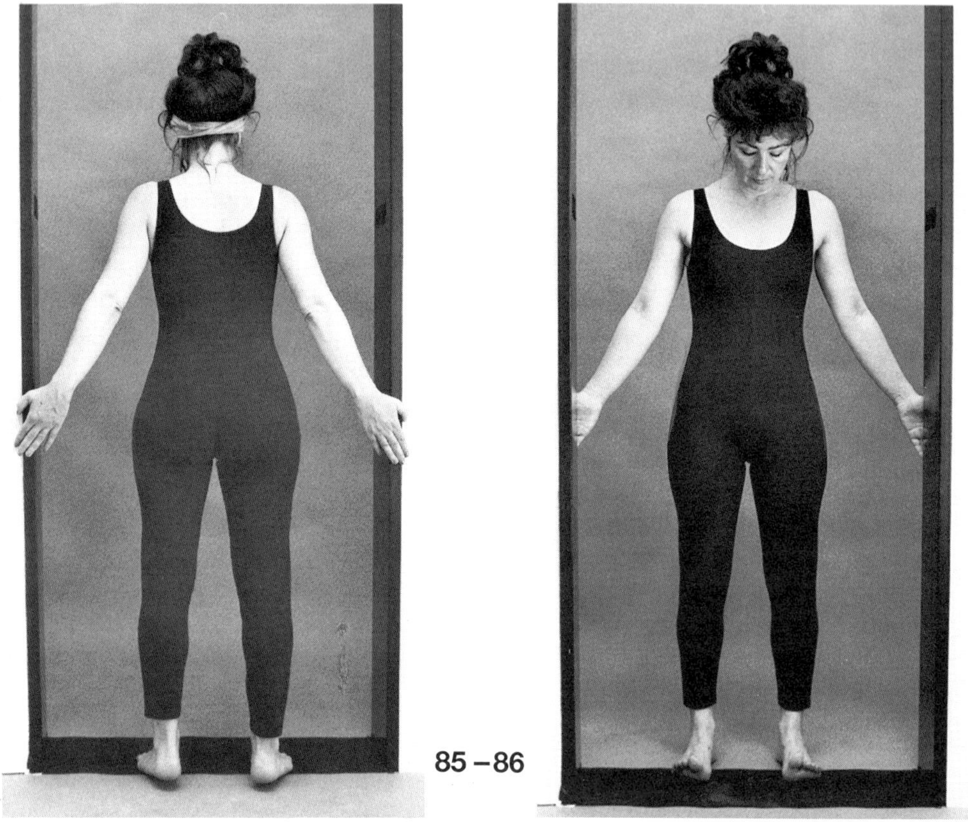

85–86

ABB. 85–86 –– Bewegungsablauf

Pobacken fest zusammenkneifen –– Hüften strecken sich dadurch automatisch –– die Lendenwirbelsäule wird durch die Bauchmuskelspannung zusätzlich stabilisiert:

a) Podex anspannen und locker lassen, anspannen usw.
b) Blick pendelt langsam von der rechten zur linken kleinen Zehe.
c) Halten Sie die Grundspannung und verlagern Sie Ihr Gewicht minimal nach vorn (leichte Fersenablösung, dorsale Spannung).
d) Handflächen stützen gegen die hinteren Blenden –– verlagern Sie Ihr Gewicht minimal nach hinten (knappe Zehenablösung, ventrale Spannung) –– wiegen Sie sich langsam vor und zurück –– Knie locker gestreckt –– Blick bleibt vor den Füßen.
e) Wiegen Sie sich langsam (vor-, rück-, seitwärts) –– denken Sie an einen Baum (Rumpf und Beine = Stamm, Füße = Wurzeln, Arme = Äste).

ABB. 87–88 –– Bewegungsablauf

Gewichtsverlagerung zur Seite –– im flüssigen Wechsel gleitet die rechte, dann die linke Handfläche die Zarge entlang nach oben –– Blick auf die seitengleiche kleine Zehe –– Hauptbelastung liegt auf jeweiligem äußeren Fußrand und Handballen.

Check

Der »Stamm« bewegt sich in einem Stück –– bei der Gewichtsverlagerung nach hinten werden die Hüften nicht gebeugt –– nur die Zehen, nicht die Ballen abheben –– bei der Verlagerung nach vorne entsteht kein »Hohlkreuz« –– den Podex fest spannen, nicht den Bauch vorschieben –– die Fersen nur wenig abheben, kein Zehenstand –– bei der Seitverlagerung rutscht nicht nur das Becken zur Seite –– in allen Fällen haben die Arme Stützfunktion –– die Schultern sind nicht hochgezogen –– Ellbogen geben nach –– Podexspannung durchgängig erhalten –– Blick bleibt zwischen den Füßen.

87 –88

Beinmuster: asymmetrisch -- Kopf- und Rumpfdrehung

Grundposition -- (ABB. 84, Seite 105)

Armmuster symm. (Stützfunktion, Ellbogen leicht gebeugt, Handflächen in gleicher Höhe an den hinteren Blenden).
Haben Sie jetzt das Gefühl auf beiden Beinen gleich fest zu stehen -- sind Fußkanten-Zargenabstände gleich -- ist der Kopf in der Mitte?

Standbein: sichert verstärkt, hält (isometrisch).

Spielbein: führt das Bewegungsmuster aus (isotonisch).

ABB. 89 -- AP -- Streckmuster

Standbein links:

Rechte Fußspitze steht neben der rechten hinteren Blende -- Ferse nach oben-außen gedreht -- Zehen gebeugt -- Fuß, Knie und Hüfte gestreckt und nach innen gedreht -- Blick auf der Ferse (Kopfrotation nach rechts, minimale Rumpfrotation nach links).

89

Bewegungsablauf

Fußspitze hebt sich -- Ferse dreht nach innen -- tippt knapp über das linke Knie -- Blick folgt der Ferse.

ABB. 90 -- EP -- Beugemuster

Rechte Ferse liegt über dem linken Knie -- Fußspitze hochgezogen, Knie und Hüfte gebeugt und nach außen gedreht -- Blick auf Ferse (Kopf leicht gebeugt, minimale Rumpfdrehung nach rechts).

ABB. 91 -- Umkehr

Rechte Fußspitze senkt sich -- Bein streckt sich -- Ferse dreht nach oben-außen -- Fußspitze tippt neben die hintere Blende -- Blick folgt Ferse.

Schleifen Sie diese Bewegungsbahn so lange ein, bis der rechte Fuß eine exakte Diagonale von der hinteren Blende zum linken Knie zeichnen kann -- dann wechseln Sie das Standbein.

90–91

Check

Versuchen Sie die Hüftstreckung im Spielbein nicht dadurch zu »ermogeln«, daß Sie den Rumpf einfach nach vorne beugen oder total nach links drehen und den Podex nach hinten schieben -- die Fersendrehung nach oben muß entlang dem rechten Oberschenkel (Generalstreifen) bzw. in der Hüfte spürbar werden -- kippen sie den Fuß keinesfalls über den Außenrand, indem sie den Außenknöchel überdehnen. (ABB. 89–91, Seiten 108, 109)
Auch im Beugemuster (ABB. 90, Seite 109) sollten Sie nicht mit dem Podex nach hinten ausweichen, sondern die Hüftstreckung im Standbein halten -- Ellbogen geben entsprechend der Rumpfdrehung nach -- Schultern sind nicht hochgezogen -- Blick folgt der Ferse.

Spielarten

ABB. 92 -- AP -- Streckmuster

92

93

a) Heben Sie die Fußspitze etwa einen Zentimeter ab -- Bein bleibt gestreckt -- nachlassen, abheben, nachlassen. Spüren Sie jetzt die Spannung entlang dem Oberschenkel bzw. der Hüfte?
b) Großzehenballen bleibt am Boden **(ABB. 93)** -- »twisten« Sie, indem die Ferse mehrmals minimal nach innen und nach außen dreht -- zuerst nur mit dem Bein -- nicht mit dem Becken -- dann nehmen Sie den Rumpf etwas mit.
c) Kurzes starkes Abdrücken des Großzehenballens vom Boden bevor sich der Fuß hebt (Stretch).

ABB. 90, Seite 109 -- EP -- Beugemuster

a) Rechte Ferse bleibt über dem linkem Knie -- rechte Fußspitze und Knie drehen spielerisch etwas weiter nach innen und außen.
b) Rechte Ferse drückt kurz oberhalb des linken Knies auf den Oberschenkel bevor sich die Fußspitze senkt.

Check

Zwischen den angegebenen Bezugspunkten ist auf der Diagonalen, entsprechend der individuellen Beweglichkeit, jeder Endpunkt möglich (bei schweren Arthrosen oder Teilparesen kann die Ferse im Beugemuster z. B. unterhalb der Kniescheibe antippen). Hauptziel ist die richtige Bewegungsbahn.

Jeden Bewegungsweg mindestens fünf- bis sechsmal wiederholen -- die Endposition einen Moment lang halten -- die jeweilige Spannung erspüren -- bewußt atmen oder halblaut zählen -- Sie können auch singen oder rezitieren (dies gilt besonders für die isometrischen Spannungsformen).
Zeigen die Analyse der Alltagsmotorik und der Haltungs- und Schmerzbefund eindeutig ein »Lieblingsstandbein«, werden zwar beide Seiten geübt, doch muß die Betonung auf dem vernachlässigten Bein liegen.

Besondere Indikation

Skoliosen, Bandscheibenoperation, Lumbago, Ischialgie, funktionelle Beinverkürzung, partielle Beinparesen, Kox- und Gonarthrose, Chondropathia patellae, nach Frakturen oder Operationen der unteren Extremität, falls belastungsstabil. Sonst nur als Spielbein, vorausgesetzt,die Hüftrotation ist erlaubt.

Fachspezifische Hinweise

OE = Verstärkung: EXT / ABD / AR / ELLEXT / symm. / Isometrisch
UE Standbein: EXT / ABD-ADD-MST / ROTMST
Spielbein: AP: EXT / ABD / IR / KNIEEXT
KOPFROT rechts / RUMPFROT links
EP: FLEX / ADD / AR / KNIEFLEX
KOPFFLEX / RUMPFROT rechts

Technik

Rhythmische Initiierung, Antagonistische Bewegungsumkehr, Langsame Umkehr – Halt, Wiederholte Kontraktionen.

Spielarten

Verstärkte Rotation am Bewegungsende, Stretch, Wechsel der Drehpunkte.

Zusätzliche Maßnahmen

Korrekturhilfe durch die KG. Hat ein Patient Schwierigkeiten, Becken und Hüftrotation voneinander zu trennen (Streckmuster), dann fixieren Sie den Beckenkamm -- drehen Sie seine Ferse passiv nach außen und innen, um ihm ein isoliertes Bewegungsgefühl zu geben -- legen Sie den Daumen genau auf den Spannungspunkt seiner kleinen Glutaeen, um die Bewegung zu verdeutlichen.

Diagonale Kombinationsbewegung asymmetrisch (OE/UE) oder das »Gangpattern«

ABB. 94 -- AP -- Streckmuster asymm.

Rechtes Bein in Grundposition.
Linke Fußspitze steht neben der hinteren Blende -- Ferse nach oben gedreht -- Fuß, Knie und Hüfte gestreckt und nach innen gedreht.
Linke Hand*fläche* stützt gegen Zarge -- Arm erhoben -- Schulter locker -- Ellbogen leicht gebeugt.
Rechter Hand*rücken* liegt an der Zarge -- Finger geöffnet -- Daumen nach hinten gedreht -- Arm erhoben.
Blick zum Daumen -- Kopf- und Rumpfstreckung mit Drehung nach rechts.

94

Bewegungsablauf (Standbein rechts / Stützarm links)

Spielarm: rechte Hand schließt sich zur Faust -- Handschwelle legt sich an die Stirn -- Ellbogenspitze zieht nach innen-unten -- Blick in Ellbogenbeuge.
Spielbein: linke Fußspitze hebt sich -- Ferse dreht nach innen -- Knie und Hüfte beugen sich -- rechte Ellbogenspitze und linkes Knie treffen sich in der Rumpfmitte -- diagonale Faust- und Zehenablösung erfolgt gleichzeitig.

ABB. 95 -- EP -- Beugemuster asymm.

Rechte Faust (Handschwelle) liegt gebeugt an der Stirn -- Daumen nach außen gedreht -- Blick in gebeugten Ellbogen -- rechte Ellbogenspitze liegt auf linkem Knie.
Linke Ferse nach innen gedreht -- Fuß, Knie und Hüfte gebeugt und nach außen gedreht -- Rumpfbeugung und Drehung nach links, Kopfbeugung und Drehung nach rechts (UMK).

Check

Im Streckmuster (ABB. 94) nicht die HWS überdrehen, evtl. nur in die Ellbogenbeuge schauen, anstelle zum Daumen -- nicht den Bauch vorschieben, sondern die Pobacken fest anspannen.
Auch im Beugemuster (ABB. 95) bleibt die Hüfte des Standbeins möglichst gestreckt -- den Podex nicht nach hinten schieben -- bei eingeschränkter Rumpf- oder Hüftbeugung lieber etwas Abstand zwischen Knie und Ellbogenspitze tolerieren, als nach vorne überzukippen!
Oder:

ABB. 96 -- EP

Rechte Faust schließt sich -- Daumen dreht nach innen-unten -- zieht mit gestrecktem Ellbogen neben das linke Knie -- Blick folgt dem Daumen -- (Armmuster asymm. mit gestrecktem Ellbogen).

Besondere Indikation

Siehe Seite 112, zusätzlich generell stabilisierende, optimal verstärkende Komplexbewegung.

95–96

Fachspezifische Hinweise

zu ABB. 94, Seite 113 –– AP

Standbein rechts / Stützarm links
Spielarm: FLEX / ABD / AR / KOPF-RUMPFROT-EXT nach rechts zu

ABB. 95 –– EP

EXT / ADD / AR / ELLFLEX / KOPFFLEX / RUMPFROT nach links

Spielbein: EXT / ABD / IR / KNIEEXT (AP)
zu FLEX / ADD / AR / KNIEFLEX (EP)

5. *Türrahmen: Stand seitlich*

Grundposition

Füße stehen hüftbreit gespreizt, parallel zu den Zargenfluchtlinien -- Fersen im letzten Drittel der Schwelle.

Diagonale Kombinationsbewegung asymmetrisch (OE/UE)

ABB. 97 -- AP

Arme verstärken Rumpf, Standbein und Spielbein.
Standbein: rechter Fuß steht neben der rechten Zargenfluchtlinie im letzten Drittel -- die Ferse ist leicht nach außen gedreht -- Knie und Hüfte sind gestreckt.

Stützarme (Armmuster asymm.): rechte Handfläche (Achtung: nicht Handrücken, vergl. ABB. 98) liegt an der vorderen Zarge -- Arm erhoben -- Ellbogen leicht gebeugt.
Linke Handfläche an der rechten Blende (Podexhöhe) -- Daumen zeigt nach oben -- Arm gesenkt -- Ellbogen leicht gebeugt -- Kopf- und Rumpfrotation nach links.

Spielbein (Streckmuster): linke Fußspitze steht neben der hinteren Blende -- Ferse zeigt nach oben-außen -- Knie und Hüfte gestreckt und nach innen gedreht -- Blick kontrolliert Ferse.

Bewegungsablauf

Linke Fußspitze hebt sich -- Knie beugt sich -- Ferse dreht nach innen -- Fußspitze tippt an die vordere Zarge (unteres Drittel) -- Blick folgt der Ferse.

ABB. 98 -- EP -- Spielbein -- Beugemuster

Linke Fußspitze liegt am unteren Zargendrittel -- Ferse zeigt nach innen – Fuß, Knie und Hüfte gebeugt und nach außen gedreht -- Blick auf der Ferse.

ABB. 99 -- UMK -- Streckmuster

Linke Fußspitze tippt zurück, neben die linke vordere Blende -- Ferse dreht nach oben-außen -- Blick folgt Ferse.

97–99

Check

Im Streckmuster ist das Becken nach vorne gedreht -- im Beugemuster tippt die Fußspitze nur so hoch, wie es die Hüftbeugung zuläßt -- nicht das Becken (bzw. den Beckenkamm) anheben -- auch nicht den Podex nach hinten schieben (Hüfte des Standbeins bleibt gestreckt) -- vor allem immer wieder die Grundposition (Verstärkung) kontrollieren; sie muß sicher, korrekt aber angenehm sein -- Ellbogen und Schultern sind locker -- keine ruckartigen Drehbewegungen mit Kopf oder Schultergürtel -- sich nicht in einen zu engen Rahmen zwängen!

Schleifen Sie die Diagonale langsam und rhythmisch ein -- wechseln Sie das Standbein, natürlich gleichzeitig auch das Armmuster, sobald Belastungsschmerzen oder Müdigkeit auftreten -- immer erst den hinteren Arm lösen, bevor Sie das Standbein wechseln -- so vermeiden Sie Zerrungen im Rumpf -- Erholungspausen und Atmung nicht vergessen.

100

Spielarten

ABB. 97, Seite 117 -- Spielbein -- Streckmuster

Isolierte Hüftdrehung
Fußspitze »twistet« am Bewegungsende -- Blick folgt Ferse.

ABB. 100 -- Spielbein -- Beugemuster

Isolierte Kopf- und Rumpfdrehung
Rechte Fußspitze bequem gegen die Zarge gestützt -- Schultern locker -- Kopf dreht mit gesenktem Kinn und schaut von der vorderen zur hinteren Ellbogenbeuge -- (isolierte Kopf- und Rumpfdrehung bei komplexer Spannung der Extremitäten, vergl. Detail: **ABB. 101–102**).

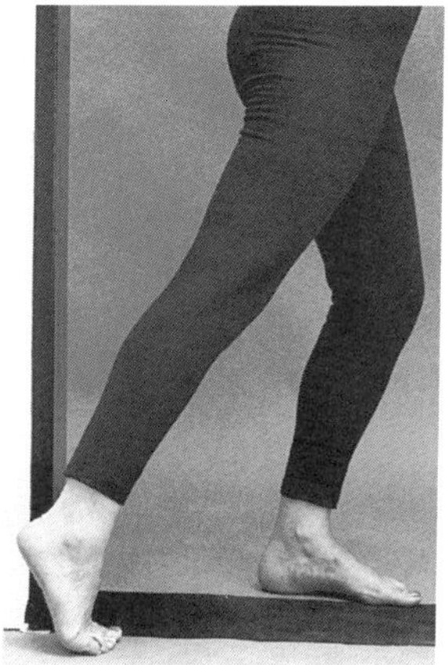

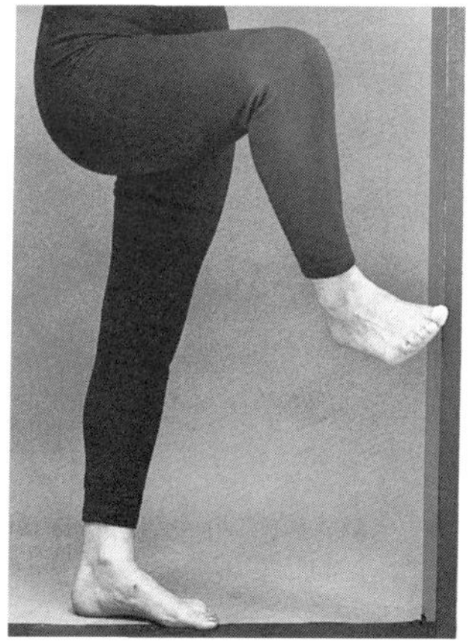

101–102

ABB. 103–104 -- Armmuster asymm.

Verstärkte ventrale Beugesynergie
Linke Ellbogenspitze legt sich in Schulterhöhe an die vordere Zarge -- Faust nach innen gedreht und gebeugt -- Stirn drückt gegen Handschwelle -- Blick in linke Ellbogenbeuge -- mindestens bis sieben zählen, nachlassen -- (betonte isometrische Spannung der vorderen Halsmuskulatur und der Armbeuger links sowie der schrägen Bauchmuskeln, Entlastung der Brustwirbel im Schulterblattbereich, Verstärkung der Hüftbeugung rechts) -- Blickumkehr.

103–104

105–106

ABB. 105–106

Stützarme verstärken Kopfdrehung

Blick in Ellbogenbeuge des hinteren Arms -- linke Handfläche drückt leicht gegen die Blende -- dann Blick in die Ellbogenbeuge des vorderen Arms -- rechte Ellbogenspitze drückt gegen vordere Zarge -- Faust schließt sich fester.

Check

Alle Spielarten werden sehr langsam durchgeführt -- machen Sie sich die unterschiedlichen Dreh- und Spannungsformen bewußt -- kontrollieren Sie immer wieder die Schulterposition -- auf keinen Fall dabei verspannen -- Knie und Hüfte des Standbeins bleiben gestreckt!

Spielarten mit Hocker in komplexer Verstärkung

Nehmen Sie einen stabilen Hocker und lehnen ihn fest gegen die Zarge.

ABB. 107 a–b -- AP -- Diagonales Kombinationsmuster (OE/UE)

Linke Handfläche liegt an der vorderen Zarge -- Arm erhoben -- Ellbogen leicht gebeugt -- rechter Fuß steht auf dem Hocker -- Knie und Hüfte gebeugt.
Rechte Handfläche liegt an der rechten hinteren Blende (Podexhöhe) -- linker Fuß steht neben der hinteren Zargenfluchtlinie -- Ferse zeigt etwas nach außen -- Knie und Hüfte sind gestreckt -- Kopf und Rumpf nach rechts gedreht.

a) Blick wendet sich langsam von der hinteren in die vordere Ellbogenbeuge und zurück -- (Kopf- und Rumpfdrehung).
b) Linke Handfläche stemmt fest gegen die Zarge -- rechter Fuß hebt etwa einen Zentimeter vom Hocker ab **(ABB. 107 c)** -- verstärkte Hüftbeugung rechts, vor allem aber Stabilisierung der LWS-Becken-Iliosakralregion links.

107 a–c

108–109

c) Rechtes Knie zieht Richtung Zarge –– (verstärkte Hüftstreckung links, **ABB. 108**).
d) Zehenstand links –– (verstärkte Streckung, **ABB. 109**).
e) Linke Ellbogenspitze drückt an die Zarge –– Stirn an die Handschwelle (ventrale Verstärkung, **ABB. 110**).

110–111

f) Beendet werden diese Sequenzen mit der Bewegungsumkehr für das Spielbein -- nehmen Sie dafür die Grundposition (ABB. 107) ein -- tippen dann mit der rechten Fußspitze neben die rechte, vordere Blende -- zurück auf den Hocker usw. (**ABB. 111**).
Achtung: Lösen Sie beim Standbeinwechsel immer zuerst den hinteren Arm, dann das Bein auf dem Hocker, zuletzt den vorderen Arm.

Da die Mehrzahl der Patienten die Hauptbelastung auf das linke Bein verlagert (vergl. Alltagsmotorik), ist es ratsam, diese Bewegungssequenzen korrektiv immer mit vorderem Stützarm rechts/linkes Bein auf dem Hocker zu betonen. Es ist erstaunlich, wie schnell die Betroffenen auf dem ungewohnten Standbein müde werden.
Öfter wechseln, dafür die Lieblingsseite etwas kürzer üben, z. B. mit der ungewohnten Seite anfangen -- die Umkehrposition genauso oft durchführen -- in der Korrekturposition wieder enden.
Kontrollieren Sie immer wieder, ob der Blick der Bewegung folgt, ob der Hals nicht »eingeklemmt« ist -- bei den Stemmübungen zur Verstärkung muß der Blick auf die Hüfte des gebeugten Beines gerichtet bleiben -- dabei nicht die Luft anhalten.

Variationen der Grundposition

Aus unterschiedlichen Gründen kann die Rumpfdrehung nach hinten erschwert sein. Variieren Sie den Abstand zur Zargenfluchtlinie dadurch, daß Sie die Ferse des Standbeins weiter nach außen drehen -- der Rumpf und das hochgestellte Bein werden entsprechend mitbewegt -- je diagonaler und weiter weggerückt das Standbein zur vorderen Schwellenkante steht, desto einfacher die Rumpfdrehung **(ABB. 112a)**.
Bei koordinativer, neurologisch bedingter Standunsicherheit, starker Hüftarthrose, auch bei Morbus Bechterew kann der Hocker durch einen Schemel ersetzt werden -- evtl. langsame Steigerung, indem Sie z. B. ein dickes Buch auf den Schemel legen -- nähern Sie sich Buch für Buch der angestrebten Hockerhöhe **(ABB. 112b)**.

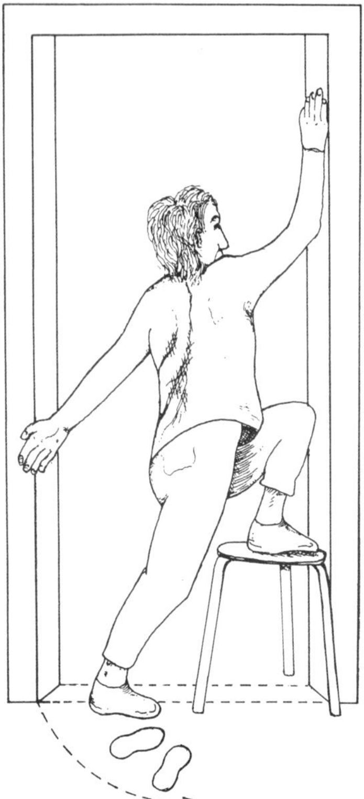

ABB. 112a: *Variation: Ferse diagonal.*

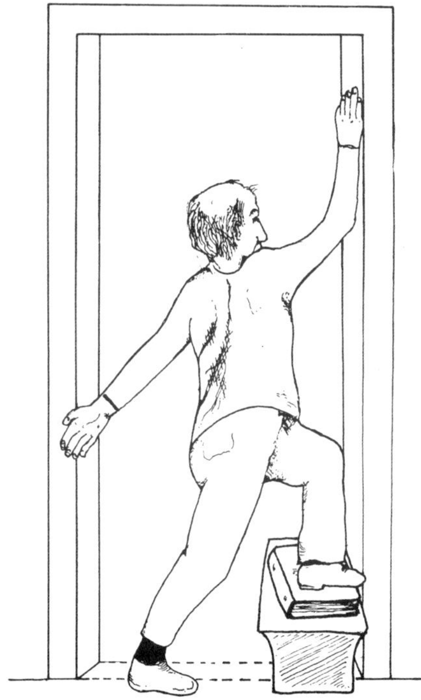

ABB. 112b: *Variation: Schemel und Buch.*

Check

Bei der verstärkten Hüftbeugung (Spielart b) darf keinesfalls der Bekkenkamm angehoben werden, drehen Sie das gebeugte Knie weiter nach außen, um dies zu verhindern –– dadurch »fällt« die jeweilige Beckenhälfte nach unten.

Besondere Indikation

Vor allem auf das jeweilige Standbein bzw. die gesamte lumbale Region wirkt diese Sequenz gezielt stabilisierend und korrigierend. Spielart b betont diese Wirkung.
Bei LWS-Syndrom, Lumbalgie, Bandscheibenvorfall, Beckenschiefstand, funktioneller Beinverkürzung, bei »Einbeinstand« (nach Befund, jeweils einseitig betont).

Die Standsequenzen auf dem Hocker (evtl. Schemel) sind grundsätzlich bei Standunsicherheit angebracht, ferner bei Multipler Sklerose, Muskeldystrophie, nach inkompletten Querschnitten, leichten Apoplexien bzw. Hemiplegien, bei Teilbelastungsstabilität der unteren Extremität als Spielbein.

Fachspezifische Hinweise

ABB. 97, Seite 117

OE: Armmuster asymm. (Stütz- und Verstärkungsfunktion) ***Rumpfrotation*** nach links
Rechts: FLEX / ADD / IR / Handfläche an Zarge / ***Rumpfrotation*** nach links
Links: EXT / ABD / AR / Handfläche an hinterer Blende / Daumen zeigt nach oben / bei beiden Händen sind die Finger geöffnet
UE: Standbein rechts -- Spielbein links: EXT / ABD / IR / KNIEEXT -- zu -- FLEX / ADD / AR / KNIEFLEX -- Fußspitze an Zarge (UMK).

ABB. 103, Seite 119

OE: Armmuster asymm. / Rumpfrotation nach rechts / verstärkte ventrale Spannung
Rechts: EXT / ABD / AR / ELLEXT / Handfläche an hinterer Zarge
Links: FLEX / ADD / AR / ELLFLEX / FINGERFLEX / Daumen zeigt nach außen / Blick in linke Ellbogenbeuge
UE: Standbein links -- Spiel(Stütz-)Bein rechts FLEX / ADD / AR / Fußspitze stützt gegen Zarge / möglichst auch das Knie.

In oben beschriebener Position stemmen Stirn und Handschwelle gegeneinander = totale ventrale Spannung im kombinierten diagonalen Bewegungsmuster.

ABB. 107–110, Seite 121–122

OE: Armmuster asymm.
Rechts: EXT / ABD / AR

Links: FLEX / ADD / IR / RUMPFROT nach links
UE: Beinmuster asymm.
Links: Stand auf dem Boden -- EXT / ADD / ROTMST / KNIEEXT
Rechts: Stand auf dem Hocker -- FLEX / ABD / AR / KNIEFLEX

Technik

Rhythmische Initiierung, Antagonistische Bewegungsumkehr, Langsame Umkehr – Halt.

Steigerung

Verstärkte Spannung am Bewegungsende, Wechsel der Drehpunkte mit Betonung, wiederholte Kontraktionen.

Zusätzliche Maßnahmen

Nehmen Sie den Patienten an beiden Schultern und führen Sie ihn langsam in die isolierte Rumpfrotation (Blick von der vorderen zur hinteren Ellbogenbeuge) -- erinnern Sie sich und ihn immer wieder an die lockeren Schultern!
Geben Sie Führungswiderstand für die Antagonistische Bewegungsumkehr der Beine -- so findet die Fußspitze in der EXT leichter ihr Ziel.

6. *Raus aus dem Rahmen -- Fortbewegung im Raum*

Nun sind Sie fast am Ende sämtlicher Bewegungssequenzen angelangt!

Lassen Sie sich zum Abschluß in die Vorbeuge hängen -- die Knie leicht angebeugt und nach außen gedreht -- den Kopf unbedingt locker nach unten gesenkt -- ballen Sie die Fäuste und tippen Sie mit der rechten Handschwelle neben den linken Fußknöchel -- dann mit der linken Handschwelle neben den rechten Fußknöchel -- mehrmals im zügigen Wechsel (wie ein »King-Kong«) -- Ihre Lendenwirbelsäule wird es entspannen! **(ABB. 113a, b)**

113a–b

114a–b

Check

Haben Sie ein Gefühl für Ihre neue Mitte und für die Schmerzgrenzen gefunden, wann und wo es »zwickte und klemmte«, welches Bewegungsmuster empfanden Sie extrem anstrengend, welche Sequenz hat Ihnen persönlich am meisten zugesagt, in welcher Position haben Sie sich ausgesprochen wohlgefühlt, haben Sie noch Energie? Dann: Bewegen Sie sich nun hoffentlich positiv motiviert und angenehm tonisiert aus dem Türrahmen heraus –– heben Sie bei jedem Schritt das Knie und tippen Sie mit der diagonalen Hand dagegen –– klappen die Diagonalbahnungen jetzt reibungslos **(ABB. 114a, b)**?

Schreiten Sie weit aus -- heben Sie den gebeugten Unterarm vor die Stirn -- drehen Sie die geballte Faust nach unten -- ziehen Sie die Ellbogenspitze langsam nach oben heraus -- dehnen Sie sich maximal in die Länge bevor Sie zum nächsten Schritt ansetzen **(ABB. 115 a, b)**.

115 a–b

Erobern Sie sich mit dem gerade erarbeiteten, neuen Bewegungsgefühl den Raum -- die stabilisierende Wirkung der vollbrachten Leistung verschwindet nicht augenblicklich, sie kann mehrere Stunden, sogar Tage andauern -- nützen Sie sie!

Erst üben, dann spülen!

Auch wenn sich Ihre Schüler zunächst wundern!

Hängen Sie so – oder so – oder anders rum?

Der Alltag bietet viele Möglichkeiten, die Bewegungssequenzen einzuschleifen –– auch wenn sich Frust oder Bequemlichkeit durchsetzen wollen –– Rücken Sie mit Geduld und Mut den Einseitigkeiten und der Macht der Gewohnheit zu Leibe –– Lassen Sie sich inspirieren.

Der Türrahmen balanciert Ihre unterschiedlichen Annäherungsformen –– auch mit Musik:
Stabilisierend, falls Sie sich als »abdriftend« empfinden.
Mobilisierend, falls Sie sich unbeweglich fühlen.
Entspannend, weil Sie sich an ihm orientieren, festhalten, sich abreagieren und in ihm zentrieren können.
Stärkend, weil er Ihnen Widerstand, Halt, Zwischenstation, aber auch Bewegungsmöglichkeit zu Ihrem Ziel bietet.

Rein in den Rahmen – Ran an den Schmerz ––
Raus aus dem Rahmen – Rein ins Leben.

Viel Erfolg und gute Besserung!

TEIL IV
ANHANG

Fallbeispiele

Typische Merkmale des »Einpositzes« und »Einseitblickes«

Diagnose: akutes, sehr schmerzhaftes Zervikobrachialsyndrom rechts.

Beruf: Sachbearbeiterin, Hausfrau (36 Jahre), zwei Kinder -- arbeitet seit einem Jahr wieder halbtags.

Beschwerden: Schmerzen in rechter Schulter, manchmal stärker in den Kopf, aber auch in den rechten Oberarm ausstrahlend, morgens eingeschlafene Finger (früher häufig akutes LWS-Syndrom).

Befundaufnahme: Schemelsitz frontal -- Hände zunächst locker auf den Knien.

Haltung: rechte Schulter-Nackenlinie verkürzt -- Taillendreieck rechts eingezogen, links verstrichen -- rechte Beckenhälfte steht höher als linke -- rechte Pobacke leicht vom Sitz abgehoben -- linkskonvexe Lumbal-, rechtskonvexe Thorakal-, linkskonvexe Zervikalkrümmung.

Muskulatur: Starke Verspannungen und Verkürzungen in der rechten Nacken-Schulterregion -- schmerzhafte Triggerpoints und Myogelosen zwischen BWS, rechtem Schulterblatt (lat.) und Oberarm, den Zwischenrippenräumen -- Muskelverkürzungen und Hautsegmentverklebungen im lumbosakralen Gegenbogen.

Psychosomatik: verkrampft -- hektisch -- schmerzgeplagt -- müde -- hat kaum Zeit für sich.

Alltagsmotorik: am Schreibtisch (PC steht aus technischen Gründen mehr nach links gerückt) -- verstärkter Einpositz links -- bevorzugte Kopfneigung nach rechts -- am rechten Ohr immer das Telefon -- Rechtshänderin -- sitzt vor dem Fernseher häufig in ähnlicher Haltung (linke Hand an die Wange gestützt, Ellbogen auf der Sessellehne, Kopf nach rechts gedrückt) -- manchmal gleiche Position beim Autofahren, beim Essen (besonders bei schlechter Laune oder wenn der »Mumm« weg ist) -- Lieblingsstandbein links (hatte Kinder bevorzugt auf linker Hüfte getragen).

Vorschlag für eine Behandlungseinheit

(Auch bei vielen anfänglich erwähnten Anwendungsbereichen gültig, vergl. Seite 46, Achtung: individuelle und befundabhängige Variationen.)

Tatsächlich –
Ich seh mir die Dinge häufig in der gleichen Pose an.

Schemelsitz frontal (evtl. Schneidersitz)

1. Annäherung an den Türrahmen -- Seitenvergleich
2. Armmuster symm. -- Rumpfstreckung und -beugung(Betonung -- isolierte Kopfrotation)
3. Armmuster asymm. -- Rumpfdrehung nach vorn (Betonung -- Beugesymmetrie, Handschwelle an Stirn)
4. Armmuster asymm. -- Rumpfdrehung nach hinten (Betonung -- Spielarm rechts, Druck und Zug an linker Blende)
5. Armmuster asymm. -- Rumpfseitneige (Betonung nach links)
6. Diagonales Kombinationsmuster, obere und untere Extremität (Betonung -- zügiger Wechsel)

Stand seitlich mit Hocker

Diagonales Bewegungsmuster, obere und untere Extremität: Betonung -- Standbein rechts, linker Fuß auf Hocker.
Bei der Umkehr liegt Betonung auf Kopf- und Rumpfrotation nach rechts.

Die Bewegungsmuster werden zwar beidseitig rhythmisch eingeschliffen (etwa 5–6mal pro Diagonale und Extremität), aber entsprechend Befund zur einen Seite betont korrigiert, z. B. Kopf- und Rumpfrotation nach rechts auffällig eingeschränkt, deshalb bei der Umkehrbewegung besonders zu berücksichtigen. Druckpunktbehandlungen finden jeweils in der korrigierten Endposition statt **(ABB. 116)**.

Typische Merkmale des »Einbeinstandes«

Diagnose: akutes LWS-Syndrom, Chondropathia patellae rechts.

Beruf: Verkäufer, Hausmann, ledig (25 Jahre).

Beschwerden: heftige Schmerzen in der lumbosakralen Region -- in den rechten Oberschenkel seitlich ausstrahlend -- häufig auch Knieschmerzen rechts (»irgend etwas klemmt«).

Befundaufnahme: Stand frontal -- Arme hängen locker am Körper herunter -- Beine hüftbreit gespreizt -- Knie gestreckt.

Haltung: Becken aus der Frontalebene herausgedreht, nach links verschoben und rechts höher gestellt -- Gegenrotation der Wirbelsäule

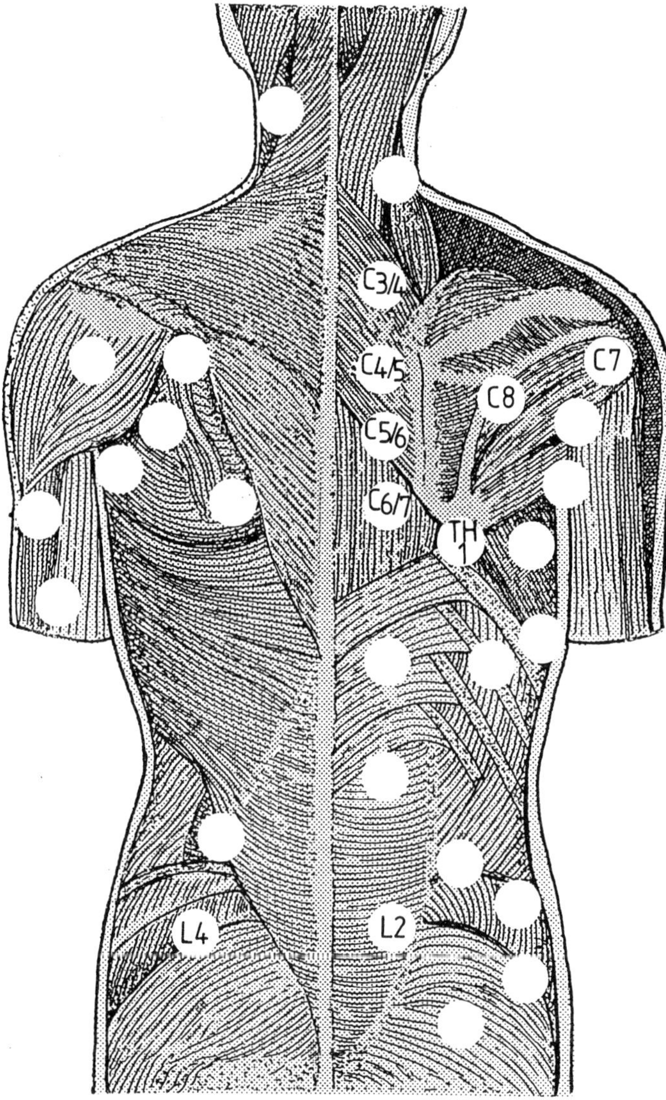

ABB. 116: *Die bezeichneten Punkte sind durch Maitland zugeordnet. Die unbezeichneten Hauptschmerzpunkte liegen zum Teil auf Akupunktur-, Shiatsu- oder BGM-Meridianen. (Zeichnung nach: Schliack, H.: Exempla Neurologica, Band 4, Cascan GmbH Wiesbaden)*

nach rechts oben (thorakal rechtskonvex) und nach links unten (lumbal linkskonvex) –– Schulterblatt rechts höher und medial abgehoben –– Taillendreieck links verstrichen, rechts eingezogen –– Neigung zum X-Bein und Knickfuß rechts.

Muskulatur: Verkürzung der Hüftbeuger, M. quadratus lumborum –– Verspannungen und extrem empfindliche »Triggerpoints« in Lumbosakral-Region, kleinen Glutaeen, Beckenkamm, Tractus iliotibialis (»Generalstreifen«) –– schwaches Bindegewebe.

Psychosomatik: wenn nicht schmerzgeplagt, eher lässig, schnodderig.

Alltagsmotorik: Gewicht bevorzugt auf linkes Bein verlagert –– rechtes Bein nach innen gedreht, in Vorschreitstellung –– Knie leicht gebeugt, (in der »Lieblingshaltung« hängt die rechte Beckenhälfte tiefer, bei gestrecktem Bein steht diese höher) –– Kopf etwas nach links geneigt –– ertappt sich in dieser Position beim Arbeiten, an der Theke, an der Bushaltestelle, beim Kegeln usw. –– (Achtung KG: wie groß ist die Differenz der Beckenkämme zwischen Gewohnheitshaltung, sogenannter Mittelstellung und Korrektur?).

Der Patient ist nach der ersten Behandlung sehr erstaunt, wie schnell sein »neues« Standbein in der Korrekturhaltung müde wurde.

Hol Dir doch lieber einen Hocker oder Schemel.

Vorschlag für eine Behandlungseinheit

(ebenfalls bei vielen weiteren Diagnosen anwendbar, vergl. Seite 46, Achtung: individuelle und befundbezogene Variationen)

Schneidersitz frontal

1. Armmuster symm. -- Rumpfstreckung und -beugung (Betonung -- Verstärktes Stemmen in der jeweiligen EP)

Stand frontal

2. Annäherung im Stand -- Wiegen -- Mittelpunktsuche
3. Beinmuster asymm. -- Kopf- und Rumpfrotation (Betonung -- rechtes Bein)
4. Diagonales Kombinationsmuster (Betonung -- rechtes Bein -- linker Arm)

Stand seitlich mit Hocker

5. Diagonales Bewegungsmuster für obere und untere Extremitäten (Betonung -- Standbein rechts, linker Fuß auf Hocker).
   Alle Spielarten zunächst mit Hocker, später ohne!

Wiederum werden alle Bewegungsmuster beidseitig durchgeführt (etwa 5–6mal pro Diagonale und Extremität), aber nach Befund einseitig betont. Bis auf die »Triggerpoints« an der hinteren Achselwand bei erhobenem Arm (vergl. ABB. 116, Seite 135) und in den kleinen Glutaeen, die auch in der Bewegung von der KG gedrückt werden können, müssen alle anderen Schmerzpunkt- oder BGM-Behandlungen am Bein vorab im Liegen durchgeführt werden! (vergl. »zusätzliche Maßnahmen«, Seite 139).

Die Anzahl der oben vorgeschlagenen Übungssequenzen setzt voraus, daß die Befunderhebung bereits in der vorangegangenen Behandlung stattgefunden hat, sonst müssen mindestens zwei Sequenzen gestrichen werden.
In beiden Fallbeispielen können die Behandlungsvorschläge für das »Selbsthilfeprogramm« geübt und eingeschliffen, müssen dann aber sehr genau von der KG korrigiert und in weiteren Behandlungseinheiten kontrolliert werden. Falls die Verschreibungen dann noch ausreichen oder ein Folgerezept ausgestellt wird, können alle anderen Bewegungsmuster geübt werden.

Check

Die Chance, mit den ganzheitlichen Bewegungssequenzen auf Fehlhaltungen und selektive Beschwerden einzugehen, ersetzt natürlich nicht die klassischen KG-Behandlungsmethoden, die ganz gezielt einen Schmerz- oder Schwerpunkt herausgreifen und isoliert betrachten müssen. Es kann die eigene Therapie mit diesem Ansatz allerdings abgerundet oder vervollständigt, vor allem aber ein »Selbsthilfeprogramm« erarbeitet werden.

Die auf oft nur sechs, max. zwölf Verschreibungen angewiesenen PatientInnen mit skoliotischen Haltungen, ohne deutliche klinische Schmerzzeichen (besonders bei Jugendlichen), können mit dieser Methode ökonomisch behandelt und vor allem zu Selbsterkenntnis und »Do it yourself« motiviert werden.

Bei Patienten aus dem neurologischen Bereich (Paraplegie, Hemiplegie, Multiple Sklerose) mit schmerzhaften lähmungsskoliotischen Folgeerscheinungen (akutes Zervikobrachialsyndrom oder Lumbalgie) wirken die vorgeschlagenen Bewegungssequenzen sowohl korrigierend als auch tonusregulierend und somatisch wie psychosomatisch stabilisierend. Die verlorengegangene Körperwahrnehmung wird wieder geschult.

Ständig unter Zeitdruck Stehende, die um ihre »Alltagsverfehlungen« wissen, selbst wenig dagegen tun, können durch zwei Verschreibungen (6–10 Behandlungen) pro Jahr mit diesem Programm präventiv wieder in »ihre Mitte« gerückt werden. Dabei spielt die Hoffnung mit, daß die in Erinnerung gerufenen Korrektur-Lektionen noch etwas länger vorhalten. Sie achten somit vielleicht wieder einige Zeit intensiver auf sich selbst.

Auch jeder Rollstuhl findet seinen Rahmen!

Zusätzliche Maßnahmen

Akupunktur -- Bindegewebsmassage -- Shiatsu -- Maitland

Während meiner mehrjährigen punktuellen Zusammenarbeit mit einem chinesischen Team innerhalb der medizinischen Entwicklungshilfe in Togo (Westafrika) nutzte ich die Gelegenheit, in dessen Abteilung »Akupunktur« zu spähen. Aufgrund meiner eigenen Projekttätigkeit als Krankengymnastin und Lehrkraft hatte ich sehr wenig freie Zeit, um diesen Behandlungsansatz in seiner kulturellen Gesamtheit zu überblicken. Zudem war ich natürlich stärker mit der afrikanischen Kultur beschäftigt.

Da die verantwortliche Chinesin kaum Französisch sprach, akzeptierte sie, daß wir uns auf die Dinge beschränkten, die ich sehen und nonverbal verstehen, aber auch umsetzen konnte. Als Krankengymnastin interessierten mich hauptsächlich die sogenannten Muskelmeridiane, deren Energiepunkte Haut und Muskulatur beeinflussen. Ich lernte etwas über den therapeutischen Aufbau und die Wirkung auf somatische und psychosomatische Verspannung, Schmerzen, Ermüdung, blockierte Energieströme. Ebenso beobachtete ich, daß Körperpunkte, die über dickeren Muskelschichten liegen, tiefer gestochen werden, als z. B. diejenigen auf Brustkorb-, Kopf- oder Halsregion, daß schwache Reize mehr reflektorisch tonisierend, starke Reize eher funktionsdämpfend wirken.

Über die dazugehörige Bewegungslehre erfuhr ich unter anderem, daß Heben und Öffnen der Arme Yang-Bewegungen sind, die sich mit der Ausatmung verbinden und Energie abgeben. Das Schließen und Senken der Arme dagegen sind Ying-Bewegungen, verbinden sich mit der Einatmung und nehmen Energie auf. Die fließend koordinierten Ying- und Yang-Bewegungen werden über die sich öffnenden Meridiane weitergeleitet und erzeugen somit den Zustand der inneren und äußeren Harmonie (aus Zweiheit wird Einheit). Die Koordination aller Bewegungen sowie der Atmung soll über den Geist, weniger über Muskelkraft, erfolgen [1].

Zurück in Europa, arbeitete ich während meines Aufbaustudiums und auch danach wieder in der Krankengymnastik. Bei der Behandlung akuter Schmerzsyndrome (HWS-Schulter-Arm-LWS-Bein) erinnerte

ich mich an die wesentlichen Körperpunkte und verließ mich in Ermangelung der Nadeln auf meine Fingerkuppen, gelangte dadurch zur Akupressur bzw. zu Shiatsu (der japanischen Therapieform [12]). Allerdings führten mich beide Ansätze auch wieder zurück zu den Grundlagen der Bindegewebsmassage (BGM) als besondere Form der Neuraltherapie und deren Wirkung auf die Organe und das Vegetativum (E. Dicke). Interessanterweise decken sich viele Körperpunkte und Meridiane mit Ansätzen und Körperzonen der BGM. Auch Vergleichbarkeiten im Aufbau, der ganzheitlichen Wirkung und Teilen des theoretischen Überbaus (allerdings weniger ausformuliert) sind zu finden.
Ich arbeitete also empirisch mit einer Mischtechnik, z. B. Durchziehen der BGM-Zonen -- Drücken der Schmerzpunkte entsprechend den Meridianen u. a. mit der Eiskugel -- manchmal nach BGM-Aufbau.
Entgegen anderslautender Meinung, die Techniken ließen sich nicht mischen, erzielte ich bei akuten und chronischen Schmerzsyndromen gute Behandlungsergebnisse. Eventuell auftretende Sensationen bzw. Irritationen während der manualtherapeutischen Eingriffe (Kopfschmerzen, Übelkeit, »Herzrasen«) ließen sich schnell durch die besonderen »BGM-Not-Punkte« (z. B. Beckengang, Striche über Mohrenheimscher Grube) wieder harmonisieren [17].
Dabei stieß ich bei Zervikobrachialsyndromen und Lumbalgien auf immer gleiche, höchst schmerzhafte Körperpunkte, die auf keiner Meridiantabelle exakt zu finden waren, allerdings über die BGM-Anhaktechnik der Muskelränder zugänglich wurden, z. B. hintere und vordere Wand der Achselhöhle bzw. mediale und laterale Achsellücke, Trigonum lumbale, zwischen den kleinen Glutaeen.
Auf der Suche nach der Zuordnung und Erklärung für die empirisch ertasteten auffälligen Körperpunkte, die sich weder durch BGM oder Shiatsu noch durch Akupunktur oder -pressur konkret definieren ließen, erhielt ich von Frau Margrit List den Hinweis auf das »Maitlandkonzept«.
Über Akupunktur, Akupressur, BGM und Shiatsu gibt es inzwischen vielfältige Literatur. Das Maitlandkonzept erlaube ich mir selektiv zu streifen, wo es die Befunderhebung und Behandlung innerhalb der vorgestellten PNF-Bewegungssequenzen optimal unterstützt, vor allem dort, wo Maitland mit den »Cloward-Zonen« die Lokalisation von Beschwerden und Schmerzpunkten definiert und bestimmten Wirbel-

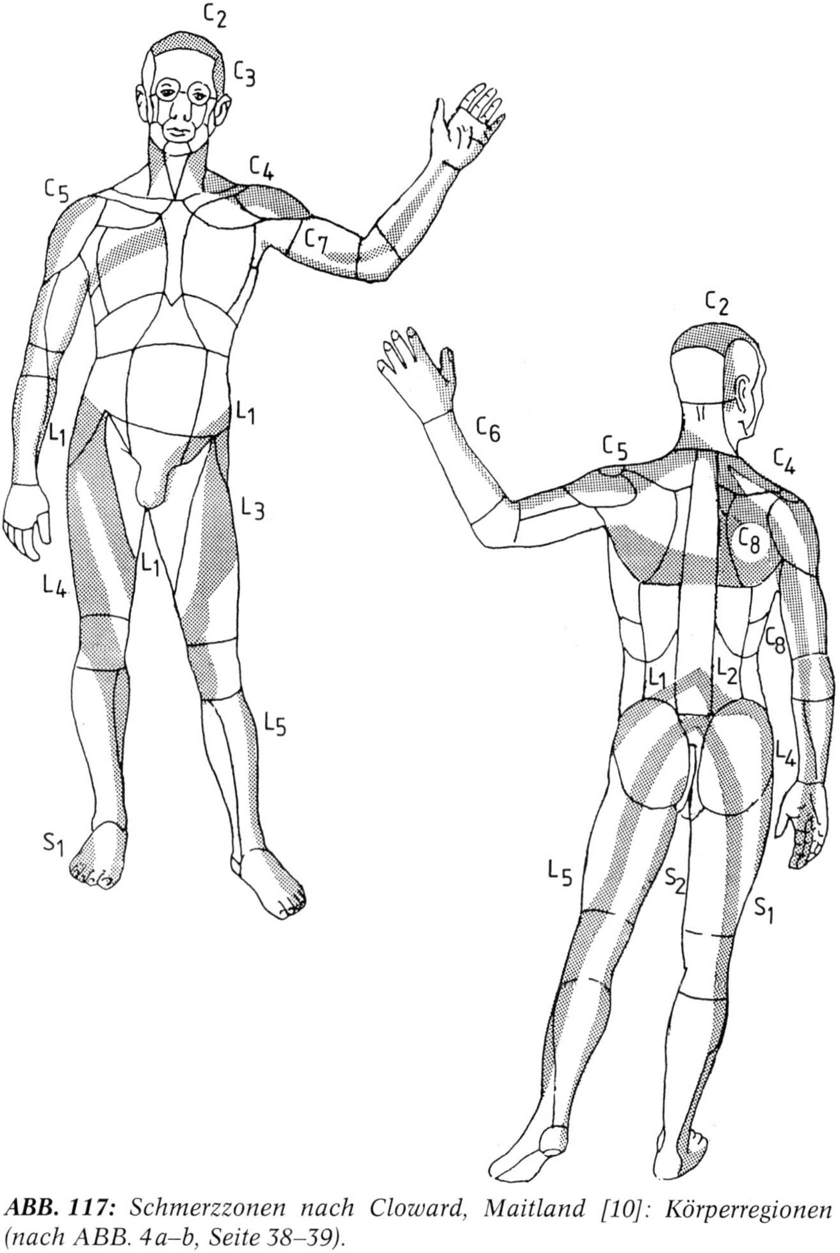

ABB. 117: *Schmerzzonen nach Cloward, Maitland [10]: Körperregionen (nach ABB. 4a–b, Seite 38–39).*

abschnitten und -segmenten sowie Bandscheibenläsionen exakt zuordnet. Bei ihm begründet sich auch schlüssig meine Variation der PNF-Rotationskomponente (= IR bei FLEX / ADD) bei dem asymmetrischen Armmuster [10].

Geoffrey D. Maitland, Physiotherapeut, 1926 in Australien geboren, widmete sich ausführlich den Diagnostik- und Behandlungskonzepten von Osteopathen, Chiropraktikern und Manualtherapeuten (Cyriax, Grieve, Janda, Kaltenborn, Levit). Er entwickelte dann aber seine eigene Methode der klinischen Befundaufnahme und Behandlung des Stütz- und Bewegungsapparates.
Dem Konzept liegt ein permanenter Evaluationsprozeß zugrunde, der Veränderungen im Verhalten von Schmerz, Bewegungseinschränkungen sowie Schutzspasmen der Gelenkstrukturen immer wieder neu befundet und hinterfragt. Diese Veränderungen sieht Maitland in Beziehung zur gesamten Haltung und Bewegung des Patienten. Seine Vorschläge zur Aufnahme der Anamnese, vor allem die Fragen zum Verhalten der Schmerzsymptome, sind sehr weitreichend und differenziert. [10]
Für KrankengymnastInnen, die in den manualtherapeutischen Untersuchungen nicht spezialisiert sind, geben die Cloward-Zonen in Maitlands Publikation für die Abklärung und Behandlung von Beschwerdeursachen eine große Hilfestellung. R. B. Cloward hat seit 1958 in erheblichem Maße zur Bestimmung spezifischer Bereiche von Schmerzausstrahlung beigetragen, die besonders auf zervikale diskogene Beschwerden hindeuten und Hinweise auf das Fortschrittstadium geben können.
Anhand der vorliegenden Zeichnungen sollen nur einige wesentliche Schmerzpunkte und Zonen den jeweiligen »Ursprüngen« zugeordnet werden. (ABB. 116, 117, Seiten 135, 141)

»*Mischtechnischer Behandlungsprozeß*«

Auf die »zusätzlichen Maßnahmen« bezogen heißt das z. B. konkret:

Diagnose: chron. Zervikobrachialsyndrom rechts mit wechselnden Kopf- und Armschmerzen.

Grundposition: Schemelsitz, frontal im Türrahmen -- Beugemuster symm. (ABB. 12, Seite 55).

Die überkreuzten Fäuste des Patienten liegen auf dem Boden (Handschwellen links über rechts) -- Kopf ist gesenkt, Schultern locker -- Patient muß entspannt sein -- bitte immer wieder überprüfen!
KG legt rechts und links ihre Daumenkuppen mit mäßigem Druck genau auf die beiden Schmerzpunkte in der regio interscapularis, die nach Befund hauptsächlich auf diskogene Schäden zwischen C5/6 verweisen (ABB. 116, Seite 135, auch [10]).
Gibt der Patient nur einseitig einen heftigen stechenden Schmerz an, der evtl. in den Kopf zieht? -- Lassen Sie mit der Druckintensität nach und geben Sie dem Patienten den Auftrag, ganz langsam mit dem gesenkten Kopf hin und her zu pendeln -- von Ellbogenbeuge zu Ellbogenbeuge zu schauen, wieder zur Mitte zu finden -- KG nimmt nach erneut kurzem Druck, ihre Daumen von den Schmerzpunkten.
Patient geht gegen den Widerstand der KG an beiden Armen in die Bewegungsumkehr (Streckmuster symm.). In dieser EP übernimmt Patient selbst den Druck der Handrücken gegen die Zargen -- KG legt nun den Handballen unter seine Hinterhauptshöcker (zwischen regio occipitalis und colli post.).
Genau dort gibt sie verstärkten Widerstand in die HWS-Extension, indem Sie zusätzlich einen leichten Zug nach kranial setzt.
Umkehr in das Beugemuster ohne Widerstand -- Ist der Patient entspannt in korrigierter Position? -- KG drückt nun beidseitig, langsam und nacheinander, auf die Schmerzpunkte, die auf C4/5 bzw. C6/7 verweisen (ABB. 116, Seite 135), verfährt gleich wie vorher -- dann wieder Umkehr in das symm. Streckmuster.
Gibt der Patient nach mehrmaliger Wiederholung unterschiedliche Schmerzempfindungen an -- tritt ein Schmerzpunkt im Vergleich zu den anderen extrem deutlich hervor -- hat er während des »Kopfpendelns« starkes Knirschen in einem oder mehreren Halswirbeln vernommen -- hat es irgendwo geknackt -- hat durch wiederholten Druck auf

die Punkte und die zwischengeschalteten Bewegungen der anfangs intensive Schmerz nachgelassen -- verspürt der Patient eine subjektive Erleichterung bei den anschließenden Umkehrbewegungen -- oder im Gegenteil etwa einen unangenehmen Druck im Kopf, im Schulterblatt oder im Arm?

Hat sich der Patient durch den Druckpunktschmerz verspannt -- war Ihr Druck zu »barbarisch«, ist er ihm ausgewichen, hat er dabei reflektorisch den Nacken eingezogen -- hat er vor Schmerz die Luft angehalten? Das wäre fatal und z. B. ein Grund für den aufgetretenen dumpfen Kopf-, Schulter- oder Armschmerz. Machen Sie ausgleichende BGM-Striche und fahren Sie mit gleichmäßig ruhigen Bewegungssequenzen fort. Lassen Sie den Patienten seinen Kopf in unterschiedlichen Verstärkungspositionen immer wieder isoliert »pendeln«.
Läßt der Kopfdruck, das Schulterziehen nach? Falls Sie mit der Druckpunktbehandlung fortfahren wollen, bitten Sie den Patienten, den erlaubten Schmerz laut und vernehmlich hinauszustöhnen!
Bei einer Befundung bzw. Ursachenforschung durch die Druckpunkttherapie im Türrahmen sollte immer eine Vorbehandlung stattgefunden haben. Entweder durch BGM-Beckengänge oder Ausstreichen der entsprechenden BGM-Zonen im Schulter-Halsbereich -- oder durch intermittierenden Druck auf Beckenkamm und zwischen die Schulterblätter -- beides wären mögliche manuelle Vorbereitungen der zu behandelnden Regionen (4, 12, 13, 14, 19; ABB. 4b, Seite 39). Bei schmerzgeplagten oder vegetativ labilen Patienten gilt das grundsätzlich.
Auf alle Fälle müssen die Umkehrbewegungen vorgeübt sein -- die Entspannungshaltung in der Endposition ist immer wieder in Erinnerung zu rufen.

Auch die »Denkerinnenposition« (ABB. 19, Seite 64) ist eine günstige Endposition, um an die muskulär und durch das Schulterblatt überlagerten Körperpunkte C6/7/C8/TH1 sogar mit der Eiskugel heranzukommen. -- Vergessen Sie dabei oder danach nicht, das Gleiten der Stirn über die Handschwelle zwischenzuschalten -- und alle anderen erwähnten Vorsichtsmaßnahmen.

Zum Schluß möchte ich nochmals auf die abgewandelte Rotationskomponente folgender PNF-Diagonale zurückkommen:

Armmuster: asymm. -- Rumpfdrehung nach hinten

AP: Stand im Türrahmen seitlich -- links Standbein, rechtes Bein auf dem Hocker -- linker Arm erhoben, Handfläche an der Zarge (FLEX / ADD / IR) -- rechte Handfläche nach hinten außen gedreht, an der hinteren Blende (EXT / ABD / AR) -- Blick auf die rechte Hüfte gerichtet.
Durch die FLEX / ADD / IR / des linken Armes (punctum fixum im Türrahmen) hat die KG einen extrem leichten Zugang zu der linken hinteren und vorderen Achselwand, hauptsächlich zu den herausgezogenen Rippen 7–9 (durch M. serratus), damit zu all den dort situierten, sonst überlagerten Schmerzpunkten. Vor allem auch C7/C8/TH1 – Patienten mit rechtskonvexen BWS-Skoliosen (lumbal linkskonvex) empfinden die Dehnung der gewohnheitsmäßig »zusammengedrückten« Regionen als äußerst wohltuend, z. B.regio scapularis, infrascapularis, axillaris, pectoralis lat. und brachii post./ant. sowie lumbalis und lateralis (ABB. 4a, b, Seiten 38–39; ABB. 116, Seite 135).
Während die KG in dieser AP Schmerzpunkte in den erwähnten Regionen drückt oder Muskelränder anhakt oder durchzieht, muß die Kopf- und Schulterposition des Patienten ständig kontrolliert werden. Blick zur rechten Hüfte, evtl. gleichzeitig minimales Kopfpendeln!
Dann Umkehrbewegungen!

Ich hoffe, mit diesen kurzen Anregungen zu integrativen Behandlungsmaßnahmen weniger Verwirrung als Neugierde auf weiterführende Literatur gestiftet zu haben.

Die erwähnten Schmerzpunkte sollten nie isoliert und vor allem nicht unvorbereitet gedrückt werden -- nicht ohne Kenntnis der Methode behandeln -- vor allem beim Patienten nachfragen -- ihn laut stöhnen lassen, wenn ein besonders empfindlicher Punkt getroffen wurde -- bei Mißempfindungen notfalls immer die BGM-Regeln im Hinterkopf behalten -- auf jeden Fall sollten alle Druckpunktaktionen mit komplexen Bewegungsabläufen enden.
Nie nur den Patienten »drücken« und dann nach Hause gehen lassen!

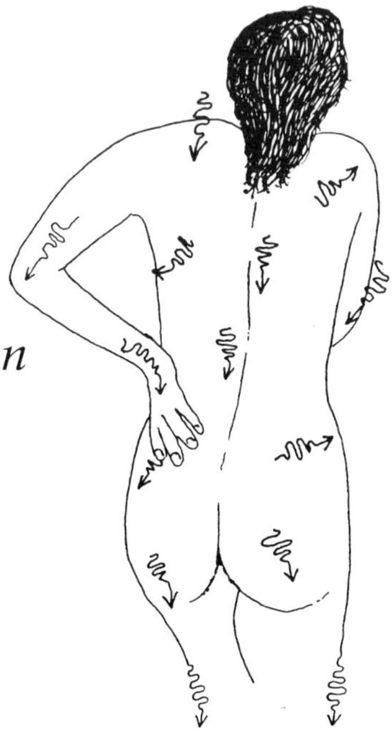

Alle Welt hat Rückenleiden

die Schlagzeilen »gehen« ... doch die Schmerzen bleiben

Schulmedizin, Pharmaindustrie, Psycho- und Physiotherapie, die Technik, auch die gesamte esoterische Vielfalt, unterscheiden sich in ihren Behandlungsansätzen in vielem. Eines ist ihnen gemeinsam -- das Ziel und Versprechen, etwas gegen Schmerzen zu unternehmen -- jeder auf seine Weise, sowohl in Kooperation als auch in Konkurrenz.
Die Krankengymnastik laviert zwischen den Fronten, übt sich ökonomisch oder ganzheitlich im Spagat.
Die Patienten erhoffen von ihr Schmerzlinderung oder Heilung, zumindest bessere Beweglichkeit und möglichst die Wahrnehmung der psychischen Hintergründe des Schmerzsyndroms. Sie sollen gefördert und gefordert werden -- fühlen sich oder sind durch den Auftrag »Hilfe zur Selbsthilfe« aber häufig überfordert.
In der freien Praxis erlebt die Krankengymnastin den Zusammenhang zwischen Alltagsstreß, psychischer Belastung und körperlichem Schmerz tagtäglich. Vor allem bei Langzeitbehandlungen geht es darum, mit somatischen und psychosomatischen Verschlechterungen umzugehen. Daraus erklärt sich vielleicht auch die Affinität vieler KG zur Esoterik, um dieser Anforderung auch psychisch besser gewappnet gegenüberzustehen. Die Mehrheit der Patienten macht aus vielen Grün-

den nur selten den Schritt zum Psychotherapeuten. Bislang obliegt es dem persönlichen Engagement der KrankengymnastInnen sowohl die funktionelle, die »alltagsmotorische«, als auch die psychosomatische Seite der Bewegungsirritation und Schmerzsituation in Betracht zu ziehen –– somit möglichst ganzheitlich zu be»hand«eln.
Tendenziell jedoch werden die Behandlungszeiten eher kürzer, die Erwartungen an die Qualität der Behandlung allerseits aber mit Recht höher.
Wann, wo und wie soll dann noch in all den freien Praxen des Gesundheitswesens der für eine umfassende »Heilung« notwendige Informationsrücklauf stattfinden? Wird die fruchtbare und respektvolle interdisziplinäre Kooperation der unterschiedlichen Gesundheitsdienste aus Kostengründen und Grenzüberschreitungsängsten wieder etwas schwieriger?
Müssen demnächst alle KrankengymnastInnen zu »InstruktorInnen« werden, um befriedigter arbeiten zu können –– oder weil es mehr einbringt und besser bzw. moderner klingt? Übergibt die neue Gesundheitspolitik den eigentlich sehr vielfältig zu gestaltenden Auftrag »Ganzheitliche Krankengymnastik« vielleicht unbewußt an die freie Marktwirtschaft? Sollen die industriellen Gesundheitsprodukte die Behandlungslücken schließen?
Die Kassen mögen die 30-Minuten-Einheit als Minimalgrenze setzen und entsprechend honorieren oder die Möglichkeit zur 40-Minuten-Doppelbehandlung bei Zwölfer-Verschreibung legitimieren.
Die Krankengymnastik hat viele Chancen, kreative Hand- und Kopfarbeit zu vereinen, vorausgesetzt es wird ihr der notwendige Zeitraum gegeben und bezahlt, um eine integrative, präventiv und rehabilitativ weitergreifende Therapieform zu praktizieren. Vielleicht ist der Patient dann auch nachhaltiger von der Notwendigkeit zur Selbsthilfe überzeugt. Natürlich muß dafür auch das Niveau der Ausbildung gesichert bleiben oder werden!

Statt eines Schlußwortes

Aus: ***Das Krankheitssymptom – Sprache des Körpers***

G. Rütschi-List, Psychotherapeutin, Zürich. Mit Verlaub in von mir stark gekürzter Form!

Das vegetative Nervensystem fühlt mit! Sympathikus und Parasympathikus sorgen für die Tätigkeit von Herz, Kreislauf, Atmung und anderen Körperbereichen. Der Sympathikus übersetzt Gefühle von Angst, Spannung und Wut auf die Körperebene (z. B.schüttet die Nebenniere Adrenalin aus und bewirkt ein »Auf-dem-Sprung-sein« des Körpers).
Bereits die Anforderungen des Alltags setzen viele Menschen unter einen dauernden Spannungszustand. Jeder Mensch entwickelt mit seinen Erfahrungen, seiner subjektiven Stellungnahme zum Leben, eine eigene Art mit Streß umzugehen. Durch andauernde Belastung und dem dadurch verursachten Ungleichgewicht des vegetativen Nervensystems kann es zu Organschädigungen kommen. So können diese Überlastung und mangelnde Bewältigung von Streß Ausdruck in einer psychosomatischen Krankheit finden wie Asthma, Ulkus, Infarkt, Kreislaufstörungen, Kopfschmerzen, HWS-Syndrom, Allergie etc. Der Zeitpunkt des Auftretens des Symptoms sowie die Lokalisation im Körper haben immer mit der aktuellen Lebenssituation im Hier und Jetzt zu tun, wobei die Biographie des Patienten den Hintergrund abgibt. Unbewußte Konfliktsituationen (Partnerverlust, Beziehungsprobleme, Enttäuschung, Überforderung, zu große Verantwortung, Depressionen) können sich durch körperlichen Schmerz ausdrücken –– das Symptom als Sprache der verdrängten Wünsche und Gefühle.
Das Auftreten eines Symptoms ist Sprache eines umfassenden Geschehens, das sich im Unterbewußtsein abspielt und in Zeitpunkt und Lokalisation eine individuelle Ausstattung hat.
In unserer Gesellschaft ist die Dominanz der Ratio akzeptierte Norm – eine körperliche Krankheit trifft immer auf größeres Verständnis als eine seelische. Gefühle und seelische Belastung werden nicht gezeigt, um nicht »anormal« und psychisch krank zu sein. Ein gesunder »reifer« Mensch ist angepaßt und leistungsstark. Um dieser Norm zu entsprechen, werden diese Gefühle ins Unbewußte verdrängt und können als

körperliche Symptome wieder Sprache finden. Das Erleben von Schmerz ist subjektiv. Hinter dem Schmerz steht ein innerpsychisches Erleben, und so hat jeder von uns, auch mit dem gleichen somatischen Befund, ein eigenes Schmerzempfinden. Patienten mit weicher Muskulatur können über unerträgliche Schmerzen klagen, während andere mit stahlharter, knotiger Muskulatur ihren Schmerz als erträglich aber lästig beschreiben. Hinter jeder Schmerzbeschreibung steht neben dem objektiven Befund das Wahrnehmen und Fühlen dieses Menschen, seine Leidgeschichte.

Mangelnder nachprüfbarer Therapieerfolg auf der funktionellen Ebene erfüllt viele KrankengymnastInnen gerade bei Langzeitpatienten mit Schuldgefühlen oder Hilflosigkeit. Der Schmerzforscher Adler spricht hier von einer positiven ICH-Leistung des Patienten, da hier der Schmerz das psychische Gleichgewicht reguliert. Der Schmerz verleiht

Bemächtigt von: Angst -- Ärger -- Bedrohung -- Hilflosigkeit -- Schmerz -- Stress -- Trauer -- Wut -- Zorn ...

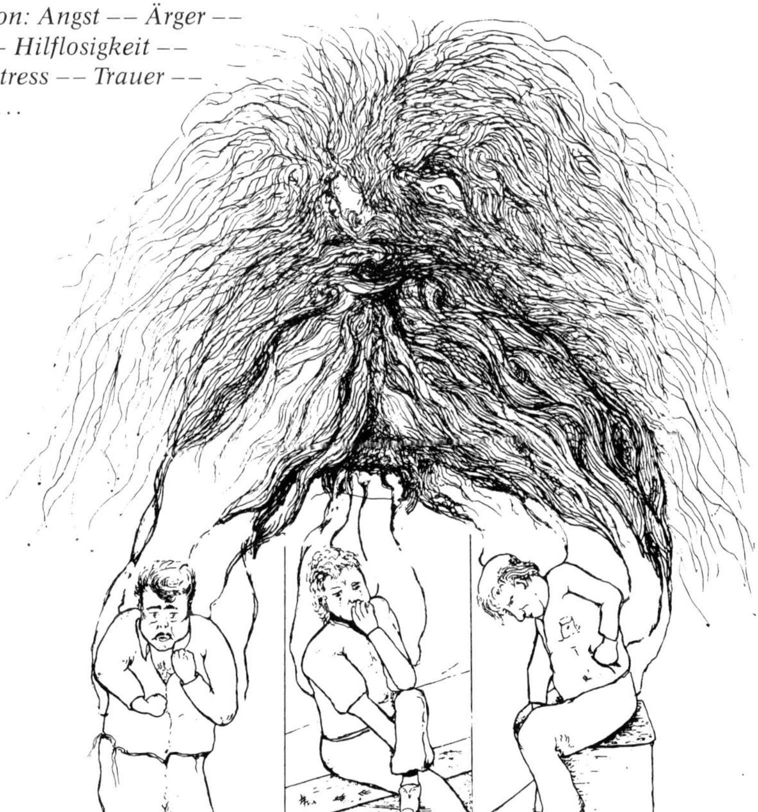

dem Kranken Stabilität, ohne ihn wäre er psychisch auffällig oder depressiv. Die Krankengymnastin muß sich hier von ihren therapeutischen Ansprüchen distanzieren und die Therapie als stabilisierende, reparative Form für den Patienten betrachten. Um auf den Patienten heilend einwirken zu können, sollte sie auch den psychischen Hintergrund des Schmerzsyndroms oder der funktionalen Störung berücksichtigen. Das unbestritten wichtige funktionale Behandlungs- und Körperverständnis ist mit dem ganzheitlich integrativen Bewegungsansatz zu ergänzen. Behandeln heißt den Menschen anzufassen – die Krankengymnastik hat die Möglichkeit zu fühlen, zu tasten, den Menschen in seiner Körperhaltung zu beobachten, seine Reaktion zu spüren. Die Integration einer psychologischen Wahrnehmung erweitert ihren funktionalen Ansatz und kann die Arbeit nur spannender und befriedigender machen.

Rahmen gibt's für alle Welt

Literatur

1. *Asshauer, Dr. E.:* Die Akupunktur, Delphin Verlag, München 1985.
2. *Berger, W.:* Haltung und Bewegung beim Menschen, Springer Verlag, Heidelberg 1984.
3. *Daniels, L.:* Muskelfunktionsprüfung, 2. Aufl., Gustav Fischer Verlag, Stuttgart 1966.
4. *Einsingbach, Th.:* PNF in Orthopädie und Traumatologie, Pflaum Verlag, München 1988.
5. *Feldkamp, M. / Danielcik, I.:* Krankengymnastische Behandlung der Infantilen Zerebralparese, Pflaum Verlag, München 1989.
6. *Idelberger, K.:* Lehrbuch der Orthopädie, 2. Aufl., Springer Verlag, Heidelberg 1975.
7. *Knott, M. / Voss, D. E.:* Komplexbewegungen, Bewegungsbahnung nach Dr. Kabat, 2. Aufl., Gustav Fischer Verlag, Stuttgart 1970.
8. *List, M.:* Krankengymnastik in der Traumatologie, 2. Aufl., Springer Verlag, Heidelberg 1986.
9. *Loeweneck, H. / Liebenstund, I.:* Funktionelle Anatomie für Krankengymnasten, Pflaum Verlag, München 1985.
10. *Maitland, G. D.:* Manipulation der Wirbelsäule, Springer Verlag, Heidelberg 1991.
11. *Molcho, S.:* Körpersprache als Dialog, Mosaik Verlag, München 1988.
12. *Ohashi, W.:* Shiatsu, die japanische Fingerdrucktherapie, Hermann Bauer Verlag, Freiburg (o. J.).
13. *Rush, A. K.:* Rückenschmerzen, rororo, Hamburg 1985.
14. *Rutschi-List, G.:* Das Krankheitssymptom – Sprache des Körpers, Z. »Krankengymnastik«, München 7/1987.
15. *Schlichte, B.:* Zur Frage einer ganzheitlichen Bewegungstheorie, Z. »Krankengymnastik«, München 5/1990.
16. *Weber, M. / Hirsch, S.:* Krankengymnastik bei idiopathischer Skoliose, Gustav Fischer Verlag, Stuttgart 1986.
17. *Teirich-Leube, Dr. H.:* Grundriß der Bindegewebsmassage, 4. Aufl., Gustav Fischer Verlag, Stuttgart 1968.